인간복제의 시대가 온다

차례
Contents

복제인간 이브의 탄생

2002년 12월 27일 거리 곳곳에선 아직 크리스마스 캐럴이 울려 퍼지던 가운데 전 세계가 경악할 만한 사건이 발생했다. 다국적 종교 단체 '라엘리안 무브먼트'의 자회사인 '클로네이드'가 세계 최초로 인간을 복제하는 데 성공했다고 발표한 것이다.

미국 플로리다 주 마이애미에서 열린 기자회견장에 나타난 클로네이드의 대표 브리지트 부아셀리에 박사는 "최초의 클론(clone 복제인간)인 여자아이가 12월 26일 제왕절개 수술을 통해 태어났다"면서 "복제 아기의 이름은 성서에 등장하는 최초의 여성 이름에서 따와 '이브(Eve)'라 지었다"고 밝혔다. 부아셀리에 박사는 "산모는 30세인 미국 여성이며, 현재 이브는

복제인간 탄생을 발표한
브리지트 부아셀리에 박사.

몸무게가 3.2kg으로 아주 건강한 상태다"라고 덧붙였다.

크리스마스 다음날 더욱이 성서에서 이름을 딴 복제인간이 탄생했다는 소식은 엄청난 충격을 주었다. 만물의 영장으로 존엄과 가치를 동시에 지닌 고귀한 생명체로 대접받아온 인간이 한낱 실험 대상으로 전락했기 때문이다. 무엇보다 복제라는 첨단 생명공학기술을 이용해 인간을 만들 수 있다는 사실은 생명공학이 신의 영역에까지 도달했다는 사실을 보여줬다. 인간복제 문제는 더 이상 논의를 늦춰선 안 되는 발등의 불이 됐다.

희대의 사기극(?)

최초의 복제인간 탄생이 발표된 지 수 년 넘게 흐른 현재 복제인간이 실제 탄생했는지는 지극히 회의적이다. 클로네이드는 잊을 만하면 "복제인간이 또 태어났다"는 발표를 되풀이해, 지금까지 발표한 복제인간의 수만 10여 명을 훌쩍 넘는다. 그러나 줄기찬 요구에도 불구하고 복제인간에 대한 어떠한 과학적인 증거도 공개하지 않고 있다.

지금까지 클로네이드가 복제인간과 관련해 공개한 자료는 2003년 3월 일본에서 태어났다는 3번째 복제 아기의 사진이 유일하다. 병원 인큐베이터 안에서, 더구나 눈에 붕대를 감고 있는 평범

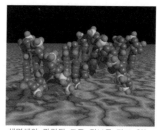

생명체와 관련된 모든 정보를 담고 있는 DNA의 분자 구조.

한 아기 사진에서 얻을 수 있는 정보는 아무것도 없다.

당초 브아셀리에 박사는 중립적인 과학자들로 하여금 복제인간을 증명하는 DNA검사를 하게 하여 결과를 일주일 내에 입증하겠다고 장담했다. 검증하는 역할은 미국 ABC방송 과학 전문기자 출신인 마이클 길런 박사에게 맡겨졌는데, 그가 한때 염력이나 점성술 같은 초과학에 심취했다는 사실이 밝혀지면서 자격 논란이 일었다.

그러나 브아셀리에 박사는 곧바로 말을 바꿔 복제 아기의 부모가 거부하고 있다면서 DNA검사를 무기한 연기했다. 이 때문에 길런 박사조차도 "이브의 탄생은 날조극일 가능성이 크다"며 검증 역할을 그만뒀다.

클로네이드측 말에 신빙성이 더욱 떨어지는 이유는 마치 유령 회사처럼 회사의 실체가 베일에 완전히 가려져있기 때문이다. 미국 식품의약국(FDA)은 복제인간 이브의 탄생이 발표된 직후, 웨스트버지니아 주에 있는 클로네이드 소유로 알려진 연구소를 조사했는데, 시설과 장비가 너무 열악해 인간을

복제할 수 없다고 결론을 내렸다.

2003년 4월에는 미국의 일간지 보스턴 글로브가 '클로네이드는 회사 주소는 물론 이사회조차 없고, 사장 등 극소수 간부진과 직원 2명이 구성원의 전부'라고 폭로했다. 이에 대해 부 아셀리에 박사는 "비밀리에 회사를 운영하고 있으며, 방해를 받지 않기 위해서 절대 공개할 수 없다"며 맞섰다.

현재까지 밝혀진 사실을 모두 고려하면 클로네이드의 복제인간 탄생 발표는 희대의 사기극일 가능성이 상당히 농후하다. 그렇다면 도대체 왜 이와 같은 엄청난 일을 벌인 것일까?

클로네이드와 라엘리안 무브먼트

복제인간 이브의 탄생 발표가 나온 배경을 이해하기 위해 클로네이드에 대해 자세히 살펴보자. 클로네이드(clonaid)는 외계인이 인류의 기원이라고 믿는 다국적 종교단체인 라엘리안 무브먼트(Raelian Movement)가 1997년에 세운 자회사다.

라엘리안 무브먼트는 프랑스 태생으로 카레이서와 스포츠 잡지 기자로 활동했던 라엘(본명 클로드 보리옹)이 1973년 '엘로힘'이란 외계인을 만난 후 창설했다는 종교단체다. 이 단체에서는 외계인을 직접 만난 라엘을 인류의 마지막 예언자라고 믿으며, 지구상의 모든 생명체는 비행접시를 타고 지구에 온 외계인이 복제를 통해 만들었다고 생각한다. 이들은 고대나 중세의 유물 속에서 미확인비행물체(UFO)와 비슷한 문양을 찾

아내 외계인이 존재하는 증거라고 내세우고 있다.

2002년 겨울 클로네이드가 복제인간 탄생을 발표할 무렵 라엘리안 무브먼트에는 전 세계 80여 국가에서 5만5천여 명의 라엘리안(라엘리안 무브먼트에서 신도를 가리킬 때 쓰는 말)이 참여하고 있었다. 종교단체 치고 결코 크다고는 얘기할 수 없는 규모로, 사실 대부분의 사람들에게는 아주 생소한 종교단체일 뿐이었다.

한편 클로네이드의 대표를 맡고 있는 부아셀리에 박사는 라엘과 같은 프랑스 출신의 여성 과학자로, 라엘리안 무브먼트의 과학담당 이사를 맡고 있는 핵심멤버. 미국 뉴욕 주의 해밀턴 칼리지에서 잠시 교편을 잡았다고는 하지만 학계에서 인정받은 주류 과학자는 아니었다. 전공도 화학으로 인간복제와 관련된 생식의학 분야와는 거리가 멀다. 더욱이 영국의 주간지 「뉴스 오브 더 월드」가 '부아셀리에 박사는 혼음, 동성애 등 엽기적인 성행각을 벌여왔다'고 폭로하면서 구설수에 오른 적도 있다.

클로네이드가 인간복제를 추진한 이유는 라엘리안 무브먼트가 주장하는 '인간복제는 외계인의 메시지며, 이를 통해 영원한 생명을 얻을 수 있다'는 교리에 따른 것이다. 이런 이유로 부아셀리에 박사는 2000년부터 자주 공개적으로 "복제인간을 연구하고 있고, 2001년까지 복제인간을 탄생시킬 것이다"라고 이야기해 왔다.

그러나 그 예정된 기한에 복제인간은 탄생하지 않았고 2002

년까지 복제하겠다는 것으로 말이 바뀌면서 언론의 관심은 자연히 멀어졌다. 복제인간을 앞으로 탄생시키겠다고 말만 되풀이하는 것은 더 이상 뉴스거리가 되지 않았으며, 자칫하면 '양치기 소년'처럼 사람들의 신뢰를 잃을 위험도 있었다.

이런 정황을 모두 고려하면 2002년 세계 최초의 복제인간 탄생 발표는 라엘리안 무브먼트가 자신들의 말을 지키면서 종교를 세상에 널리 알리기 위해서 클로네이드를 통해 만들어낸 해프닝으로 추정된다. 실제로 복제인간 탄생을 발표하자 전 세계 언론이 이를 앞 다퉈 보도하면서 라엘리안 무브먼트는 화제의 중심이 됐다. 천문학적 비용의 광고를 공짜로 했다는 얘기인 셈이다.

복제인간 발표를 통해 라엘리안 무브먼트는 원하고자 한 바를 모두 달성한 것으로 보인다. 우선 자신들의 존재를 세상 사람들에게 알리는 데 성공했다. 그 결과 신도의 수도 최소한 수천여 명이 더 늘어난 것으로 헤아려진다.

또한, 경제적인 측면에서도 상당한 이득을 거둔 것으로 추정된다. 클로네이드는 자사 홈페이지를 통해 '불임부부와 동성애자 커플처럼 자신의 아기를 가질 수 없는 사람들도 인간복제를 통해서 자신의 아기를 가질 수 있다'고 광고하면서 필요한 경비로 20만 달러(약 2억원)라는 만만치 않은 액수를 요구하고 있다. 클로네이드의 홈페이지를 통해 수백여 명이 인간복제 신청을 한 것으로 알려져 있는데, 이를 통해 클로네이드가 얻은 수익은 상당할 것으로 예상된다.

복제인간의 표식 찾기

물론 지금 당장이라도 클로네이드가 인간을 복제했다는 증거를 제시한다면 얘기는 완전히 달라진다. 복제인간을 일반에 바로 공개하는 것은 클로네이드의 주장처럼 개인의 프라이버시 차원에서 문제될 소지가 다분하다. 따라서 검증은 중립적인 과학자들이 참여해 비공개적으로 이뤄져야 한다. 그런데 과학자들은 어떻게 복제로 태어났다는 사실을 확인할 수 있는 것일까?

사실 복제인간은 일반인과 구별할 수 있는 특징을 전혀 갖고 있지 않다. 아놀드 슈왈츠제네거가 주연한 할리우드 영화 「여섯 번째 날 The 6th Day」이나 TV 외화시리즈 「다크 엔젤」에 나온 것처럼 복제인간에게 바코드와 같은 인위적인 표식을 일부러 넣지 않는 한 어떤 방법을 사용해도 구별할 수는 없다는 얘기다.

복제 여부를 확인하기 위해서는 복제인간과 복제를 한 원본인 인간이 모두 필요하다. 복제로 태어난 인간의 경우 세포의 핵 속에 들어 있는 DNA가 원본인 인간의 DNA와 일치하기 때문이다.

DNA란 생명체의 설계도 역할을 하는 유전정보를 간직한 세포 내 물질로, DNA에는 사람의 겉모습을 비롯해 신체적 특징을 결정하는 유전정보가 '염기서열'이라는 암호문 형태로 쓰어져 있다. 건축 설계도를 바탕으로 건물이 지어지듯 이 암호문에 따라 생명체를 구성하는 물질들이 만들어지고 차례대로 쌓여서 인간이 되는 셈이다. 자식이 부모를 닮는 것은 바로 부모로부터 절반씩 DNA를 물려받기 때문이다.

따라서 복제인간인지 확인하려면 검증 대상이 원본과 서로 똑같은 DNA를 갖고 있는지를 비교하면 된다. 그러나 이 일은 생각만큼 쉽지 않다. DNA가 생명체와 관련된 모든 정보를 담고 있다보니 염기서열이 엄청나게 길기 때문이다.

과학자들은 현명한 방법으로 이 문제를 해결하고 있다. DNA를 구성하는 염기서열에는 손가락의 지문처럼 사람마다 다른 부분이 있는데, 이 부분만 같은지 서로 비교해 보는 것이다. 흔히 범죄 수사에서 용의자가 동일인인지 신원을 확인할 때 사용하는 'DNA 프로파일링(DNA profiling)'이라는 방법이다.

DNA 프로파일링은 1984년 영국의 알랙 제프리에 의해 개발된 방법으로 DNA 염기서열의 특정 부분을 이용한다. 인간이 갖고 있는 DNA의 대부분은 아무런 정보를 수록하지 않고 있는 염기서열로 이루어져 있지만, 자세히 살펴보면 2-5개 정도의 짧은 염기서열이 반복돼 있는 극소위성(microsatellite)이라는 부분이 있고, 이 부분에서 염기서열이 반복되는 횟수는 사람마다 다르다. 가끔 반복 횟수가 동일할 수도 있지만 여러 개의 극소위성에서 염기서열이 반복되는 횟수가 모두 똑같을 확률은 거의 0이다.

동일한 DNA를 갖고 있는지 확인하는 데는 대략 10개 정도의 극소위성에서 반복 횟수를 조사해 비교하면 완벽하다. 흔히 범죄사건에서 'DNA를 검사한 결과 범인이 아닐 확률이 몇백만 분의 1이다'고 얘기하는 경우가 있는데, 이 확률 수치가 바로 극소위성에서 반복되는 횟수가 서로 같을 확률이다.

이론은 복잡하지만 실제 DNA 프로파일링은 누구나 며칠 정도만 배우면 할 수 있을 정도로 간단하다. 혈액이나 입천장 등의 피부를 살짝 긁으면 손쉽게 세포를 추출할 수 있다. 세포는 원심분리기라는 기계를 넣으면 DNA를 따로 분리해낼 수 있다. 추출한 DNA는 중합효소연쇄반응기(PCR)라는 기계에 집어넣는다. PCR은 일종의 카피머신으로, DNA를 검사할 만큼 충분한 수로 늘려준다.

수가 늘어난 DNA에는 '제한효소'를 넣어준다. 제한효소는 극소위성에서 반복되는 횟수에 따라 염기서열을 가위처럼 자르기도 하고 내버려두기도 하는 일을 한다. 마지막으로 DNA를 크기에 따라 분리해주는 전기영동기라는 기계에 넣으면 제한효소로 잘린 DNA의 길이를 알 수 있다. 이렇게 하여 복제아기가 원본인 사람이 갖고 있는 DNA의 길이가 서로 같은지 비교해 똑같은 DNA를 갖고 있는지의 여부를 확인할 수 있다.

판도라 상자 개봉 임박

이브의 탄생이 사실이 아니라고 하더라도 복제인간이 가까운 미래에 결국 현실화될 가능성은 상당히 높다. 몇몇 과학자들이 인간복제 연구를 상당한 수준으로 진행하고 있는 것으로

방송에 출연한
인간복제 연구자
파노스 자보스 박사.

알려져 있기 때문이다. 대표적인 예로 이탈리아의 인공수정 전문의 세베리노 안티노리 박사와 미국 켄터키대학교 생식의학과 교수 출신의 파노스 자보스 박사를 들 수 있다.

안티노리 박사와 자보스 박사는 2001년 1월 함께 불임부부를 대상으로 하는 인간복제 연구에 본격적으로 뛰어들었다. 이들은 "모든 인간은 자신의 특성을 자손에게 물려줄 권리를 갖고 있다"면서 "인간복제를 얼마든지 좋은 목적으로 이용할 수 있다"고 주장했다. 두 사람은 의학계에서 영구제명을 당한 후 의견 차이로 결별했지만, 현재에도 활발히 활동하고 있다.

안티노리 박사는 이탈리아의 생식의학회 회장까지 역임했으며, 1994년에는 인공수정으로 63세 여성의 출산을 성공시켜 세계를 놀라게 한 과학자다. 그는 2004년 5월 5일 로마에서 열린 기자회견에서 "지금까지 3명의 복제 아기들이 태어났다"고 주장했다. 하지만 클로네이드처럼 아무런 과학적인 증거를 제시하지 않고 있다.

한편 자보스 박사는 2004년 8월 30일 영국 런던에서 기자회견을 열고 "자동차 사고로 죽은 11살 소녀와 33세 남자로부터 DNA를 채취해 복제 수정란을 만든 후 64세포까지 분열시키는 데 성공했다"고 밝혔다. 이 정도 자란 수정란은 인공수정을 하면 임신 가능성이 상당히 높다. 특히 그는 생식의학계 학술지에 연구과정을 소개한 논문을 제출해 과학적 검증도 받았다. "사랑하는 사람을 죽음으로 영원히 떠나보낸 사람을 위해 인간복제를 하겠다"는 그의 행로에 귀추가 주목되고 있다.

현재 전 세계 연구실에서 땀 흘리고 있는 우수한 동물 복제 전문가들은 인간복제를 못하는 게 아니라 윤리적인 문제 때문에 안 하고 있다고 표현하는 것이 더 정확하다. 생명 복제 기술의 발전 속도를 볼 때 인간을 복제하는 일은 결코 넘지 못할 산이 아니다. 인간복제라는, 열어서는 안 될 '판도라의 상자'의 개봉이 임박해 있는 것이다.

생명을 복제한다?

생명공학계의 대사건

첨단과학인 생명공학의 바탕은 기초과학인 생물학이다. 생물학은 고대 그리스의 철학자 아리스토텔레스에 의해 본격적으로 시작된, 인류 역사상 가장 오래된 과학 분야 중 하나다. 하지만 오랫동안 대부분의 사람들은 생물학이 물리학이나 화학에 비해서 격이 떨어진다고 생각해 온 것이 사실이다.

현재 생명공학은 21세기에 가장 전도유망한 첨단 과학기술 분야로 당당히 자리매김하고 있다. 19세기 황금을 찾아 수많은 사람들이 미국 서부로 떠난 것처럼 물리나 화학 등 다른 분야의 과학자들까지 생명공학 분야로 뛰어드는 '골드러시

(gold rush)'가 진행될 정도다. 생물학이 생명공학으로 화려하게 변신하는 데 성공한 이유는 생명현상을 밝히는 전통적인 생물학과 달리 생명공학은 그것을 어떻게 응용할 것인지에 대해 주로 관심을 두고 있기 때문이다.

과학자뿐만 아니라 일반 대중들까지 생명공학에 관심을 기울이고 뜨거운 주목을 하게 된 데에는 혁명과도 같은 두 사건이 큰 공헌을 했다. 바로 인간 게놈 프로젝트의 완성과 생명복제기술의 등장이다.

인간 게놈 프로젝트는 인간이란 생명체가 갖고 있는 유전정보의 전모를 밝히기 위해 1990년 미국, 영국, 독일, 프랑스, 일본, 중국 등 6개국으로 구성된 '인간 게놈 프로젝트 국제 컨소시엄(HGP, Human Genome Project)'에 의해 시작됐다. 게놈은 하나의 생명체에 들어 있는 유전정보의 총합을 가리킨다. 국제 컨소시엄은 뒤늦게 뛰어든 미국의 생명공학회사 셀레라 지노믹스(Celera Genomics)와 함께 2001년 2월 12일 그동안의 연구 성과를 발표했다.

인간 게놈 프로젝트의 성과가 발표되자 전 세계 언론은 '인간의 달 착륙에 비견될 만큼 과학적으로 엄청난 진보를 거뒀다'고 열광적으로 보도했다. 인간 게놈 프로젝트를 통해 과학자들이 한 일은 인간의 DNA에 담겨있는 모든 염기서열 정보를 차례대로 적은 게놈지도를 작성한 것이다. 게놈지도의 작성은 생로병사(生老病死)를 비롯해 인간과 관련된 모든 생명현상의 비밀을 푸는 데 밑바탕이 되는 도서관을 건립한 일과 같다. 현재는 인간의 모든 신비가 담겨져 있는 도서관을 활용하기 위해 다양한 연구가 진행되고 있다.

1997년 복제 양 '돌리'에서 시작된 생명 복제기술은 사람들의 입에 생명공학이 오르내리게 하는 데 결정적인 공헌을 했다. 사실 붕어빵 찍듯 똑같은 생명체를 만든다는 것은 인류가 아주 오래 전부터 꿈꿔왔던 일들 중 하나였다. 그렇게 공상과학(SF) 영화에서나 가능한 줄 알았던 상상이 생명 복제기술을 통해 현실로 튀어나온 것이다.

체세포와 생식세포

생명체를 복제하는 데 사용하는 생명공학기술은 과학적으로 '체세포 복제술'이라 부른다. 여기서 '체세포'란 정자와 난자 같은 '생식세포'를 제외한 몸을 구성하는 모든 세포를 말한다. 체세포와 생식세포는 어떻게 구별되는지 인간이 갖고 있는 세포를 통해 좀더 자세히 살펴보자.

인간을 포함해 생명체의 유전정보는 세포의 핵 속에 있는 DNA에 담겨 있다. 그런데 세포가 분열을 시작하면 핵을 둘러싸고 있는 핵막이 사라지면서 흩어져 있던 DNA들이 모여 덩어리를 이룬다. 현미경으로 관찰하면 작은 막대기처럼 보이는 이 덩어리가 바로 '염색체(chromosome)'다.

염색체는 하나의 세포가 둘로 분열할 때 모양과 크기가 같은 것끼리 짝을 이룬다. 이 때 짝을 이루는 염색체를 '상동염

인간이 갖고 있는
46개의 염색체.

색체'라 한다. 인간의 세포가 분열을 할 때 현미경으로 관찰하면 46개의 염색체가 보이는데, 염색체가 2개씩 짝을 이루기 때문에 흔히 23쌍의 염색체를 갖고 있다고 표현한다.

그런데 남성과 여성의 염색체를 살펴보면 서로 다른 점이 눈에 띈다. 남성의 경우 22쌍의 염색체는 같은 종류끼리 짝을 이루는데, 나머지 한 쌍은 모양과 크기가 서로 전혀 다르다. 여성에게서도 남성처럼 짝이 같은 22쌍 염색체가 발견되지만, 남성과 달리 나머지 한 쌍의 염색체는 서로 같은 종류로 이루어져 있다.

남성과 여성이 모두 갖고 있는 서로 똑같은 모양과 크기의 짝을 지닌 22쌍의 염색체를 '보통염색체' 또는 '상염색체'라 부른다. 보통염색체는 크기가 큰 순서대로 1번부터 22번까지 번호를 이름으로 사용한다. 가장 큰 1번 염색체는 22번 염색체보다 4배 이상 길이가 길다(사실 가장 작은 염색체는 아주 간발의 차이로 21번인데 새치기한 것처럼 22번보다 앞자리에 위치하고 있다).

한편 남성일 때 서로 다르고 여성일 때는 같은 종류인 한 쌍의 염색체를 '성염색체(sex chromosome)'라 부른다. 인간의 성염색체에는 X와 Y가 있는데, 남성은 X와 Y를 각각 하나씩, 여성은 X를 한 쌍 갖고 있다. 이 성염색체에 의해서 한 개체의 성이 남성 혹은 여성으로 결정된다.

인간의 몸을 구성하는 체세포는 어디에 위치한 것이든 46개의 염색체를 모두 갖고 있다. 흔히 기호로 2n=46이라고 표현하는데, 하나의 세포 핵 안에는 염색체가 쌍을 이루면서 총 46개가 들어있다는 의미다. 반면 정자와 난자 같은 생식세포는 세포의 핵 안에 염색체가 체세포의 절반인 23개만 들어있어, 기호로 n=23이라고 표현한다.

생식세포가 체세포가 가진 염색체의 절반만 갖고 있는 이유는 자손에 유전정보를 제대로 전달하기 위해서다. 아기는 남성의 정자와 여성의 난자가 만나서 만들어진 수정란이 자라서 된다. 만약 생식세포가 체세포와 똑같은 염색체 수를 갖고 있다면 아기의 염색체 수는 부모의 2배가 될 수밖에 없다. 때문에 아버지(2n)와 어머니(2n)는 자신의 염색체의 절반씩만 생식세포인 정자(1n)와 난자(1n)에 담아 아기(2n)에게 전달해주는 것이다.

체세포 복제술은 생식세포인 정자와 난자의 결합 대신 체세포와 난자를 만나게 해 수정란을 만든다. 난자는 유전정보를 모두 지워서 사용하기 때문에 영양분을 제공하는 인큐베이

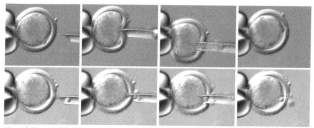

상 – 체세포 복제술 중 난자에서 핵을 제거하는 과정(어드밴스드 앤 셀 테크놀로지).
하 – 핵을 제거한 난자에 체세포를 넣는 과정(어드밴스드 앤 셀 테크놀로지).

터 역할밖에 하지 않는다. 결국 복제로 만들어진 생명체는 체세포의 유전정보만 활용하기 때문에 유전정보가 체세포 제공자와 완전히 일치하게 된다.

체세포와 생식세포의 특징을 고려하면 체세포를 이용해 생명체를 복제하는 이유가 저절로 이해된다. 생식세포는 유전정보를 절반만 갖고 있지만 체세포는 온전한 유전정보를 갖고 있다. 심장이든, 간이든, 피부든 인간의 모든 체세포는 개체의 유전정보를 전부 갖고 있지만, DNA에서 어떤 유전자가 활동하는지에 따라 다른 세포로 자란 것이다.

체세포 복제술

체세포 복제술은 원래 동물에 번식시키기 위해 개발된 첨단 생명공학기술이다. 원본이 갖고 있는 우량한 품질을 그대로 물려받은 동물을 얻기 위해 개발된 동물 번식기술이었던 체세포 복제술이 문제가 되는 것은 몇몇 과학자들이 이것을 인간에 적용하려 하고 있기 때문이다. 과학자들은 어떤 방법으로 똑같은 유전정보를 가진 생명체를 만들 수 있는 것일까?

동물을 복제하는 일은 복제하려는 대상에서 체세포를 떼어내는 일에서 시작된다. 보통 귀와 같은 피부를 몇 번 긁는 아주 간단한 과정만으로도 체세포를 얻을 수 있다. 떼어낸 체세포는 영양분이 풍부한 용액에서 키워 수를 늘린다.

체세포 수가 적당히 늘어나면 영양분이 극히 적은 용액으로 옮겨서 세포를 굶긴다. 그러면 세포는 더 이상 자라지 않고 잠들어 버린다(전문 용어로 세포분열의 GO기라 부르는 시기에 들어간다). 부유한 환경에서 자란 사람이 쪼들리자 삶의 의욕을 상실하고 무위도식하는 격이다.

흥미롭게도 세포가 잠든 상태가 되면 기존의 신체 일부분으로서의 특징을 모두 잊어버린다. 컴퓨터가 리부팅되듯 기존에 했던 작업을 모두 까먹고 새로운 일을 시작할 수 있게 되는 셈이다. 이 과정을 통해서 체세포는 자신이 특정 신체부분으로 분화하면서 갖게 된 특성을 모두 지워버리고, 새로운 생물체가 되기 위한 온전한 유전 정보를 준비한다.

다음은 인큐베이터 역할을 하는 난자를 준비해야 한다. 난자는 암컷의 난소에 직접 주사기를 찔러 넣어서 뽑아낸다. 인간의 경우도 불임 치료를 위해 난자가 필요할 때 똑같이 주사기를 사용해 난자를 채취하는데, 이것은 매우 세심한 주의가 필요한 작업이다. 여성의 난자는 남성의 몸속에서 엄청난 수로 계속 만들어지는 정자와 달리 아주 귀중한 세포이기 때문이다.

뽑아낸 난자는 핵을 제거해서 유전정보를 지워버려야 한다. 이 과정부터는 미세 조작기 위에서 작업이 이뤄진다. 미세 조작기는 현미경으로 들여다보면서 단추를 조작해, 현미경을 통해서만 확인할 수 있는 정도의 아주 미세하고 정교한 작업을 할 수 있는 장치다. 이 장치로 아주 가는 모세유리관을 난자에 찔러 넣어서 핵을 제거한다.

난자에서 핵을 제거하는 과정에서는 난자가 손상되지 않도록 각별히 주의해야 한다. 우리나라가 자랑하는 세계 최고의 동물 복제 전문가인 서울대학교 수의학과의 황우석 교수는 난자에 조그마한 구멍을 낸 뒤 핵을 짜내는 '스퀴징(Squeezing)'이라는 방법을 1997년에 세계 최초로 개발했다. 스퀴징은 난자의 파손을 최대한 줄여 복제 성공률을 획기적으로 높이는 데 기여하고 있다.

난자에서 핵을 제거한 다음에는 원본에서 채취한 체세포를 핵이 없는 난자에 넣어서 수정란을 만든다(체세포의 핵만 꺼내 넣기도 하고, 체세포를 통째로 넣는 경우도 있다). 체세포를 난자와 융합시켜 수정란을 만들 때는 전기적·화학적 방법을 사용한다. 이 과정은 동물을 복제하는 과정의 핵심으로서, 복제하려는 동물에 따라 각각 다른 전기적·화학적 방법을 사용한다.

만들어진 수정란을 대리모 역할을 할 암컷의 자궁에 이식하면, 이후로는 정상적인 임신과정과 똑같은 과정을 거쳐 복제 동물이 태어난다. 과학자들은 임신 기간 중 대리모가 유산하지 않도록 정성을 다해 돌본다.

희박한 확률게임

체세포 복제술로 동물을 복제하는 과정은 엄청난 땀과 노력을 필요로 한다. 우선 살아있는 세포를 다루기 때문에 각 단계는 유기적으로 결합돼 작업이 진행돼야 한다. 과학자의 작업 스케줄에 맞춰 세포가 기다려줄 리 없기 때문이다. 수정란을 자궁에 이식하는 일도 암컷의 생리주기에 딱 맞춰서 해야 한다. 수정란이 자궁 점막에 붙어 착상되는 시기 역시 정해져 있어서다.

똑같은 방법을 사용해도 복제한 개체가 성공적으로 태어나지 못하는 경우가 많다는 것도 체세포 복제술이 어려운 이유 중 하나다. 아무리 세심한 주의를 기울이더라도 임신 기간 중에 유산될 가능성이 상당히 높고, 태어나더라도 기형의 개체인 경우 등 예측할 수 없는 일이 많이 발생한다. 그러므로 체세포 복제술은 아직은 수십 번 시도해야 한 번 성공할까 말까 하는 정도의 희박한 확률 게임이라고밖에 할 수 없다.

이처럼 어려운 체세포 복제술의 성공률을 끌어올리기 위해 다양한 노력이 이뤄지고 있다. 동물의 생리를 파악하는 일은 물론이고 해부학, 번식학, 수의산과학(동물 출산과 관련된 학문), 미생물학, 분자생물학 차원에서 연구가 진행되고 있다.

우수한 대리모를 선택하고 건강 상태를 파악하기 위해서 동물의 신체를 검사하는 일을 수없이 반복한다. 소의 경우는 항문에 손을 팔꿈치 정도까지 집어넣는 직장 검사를 한다. 우리나라가 배출한 세계적인 동물 복제학자인 황우석 교수의 성공 비결은 가장 많은 직장 검사를 했기 때문인지도 모른다. 황 교수는 "수의대 2학년 때부터 직장 검사를 하루에 100번 이상씩 하고 있다"면서 "지금까지 최소 50만 번 이상 소의 항문에 손을 넣었다"고 밝혔다.

완전히 새로운 종의 동물을 복제하는 일은 누구도 알려주지 않은 전혀 새로운 길을 개척하는 것과 같다. 동물마다 생리적인 특징이 모두 다르기 때문에 다른 종의 동물을 복제하는 데 사용한 방법을 그대로 사용할 수 없기 때문이다. 때문에 가뜩이나 힘든 작업이 더 복잡하고 어려워진다.

새로운 종의 동물을 복제하려면 미세하게 실험 조건을 바꾸면서 똑같은 실험을 수없이 반복해야 한다. 체세포 복제술은 시행착오를 바탕으로 한 땀이 만드는 기술인 셈이다.

복제 동물 전성시대

영국 런던에서 북쪽으로 6백여km를 달리면 옛 스코틀랜드 왕국의 수도로 현재 스코틀랜드 지방의 중심지인 에든버러가 나온다. 1996년 7월 5일 에든버러 시내에서 남서쪽으로 10km쯤 떨어진 한적한 시골 마을에 위치한 목장에서 양 한 마리가 태어났다.

태어난 양은 몸무게 6.6kg으로 아주 건강했으며 여느 새끼 양과 다를 바가 전혀 없었다. 그런데 새끼양의 탄생 과정을 처음부터 지켜보고 무사히 태어났다는 사실을 확인하고 나서 기뻐한 이들은 목동이 아니라 과학자들이었다. 목장 자체도 영국의 유명한 생명공학 연구소인 로슬린 연구소에서 운영하는 것이었다.

복제 양 '돌리'와
돌리가 낳은 딸 '보니'.

양의 탄생은 이안 월머트 박사와 키스 캠벨 박사가 1997년
2월 27일자 『네이처』에 연구결과를 발표하면서 공개됐는데,
곧바로 전 세계를 깜짝 놀라게 만들었다. 이 양이 바로 인류
역사상 가장 유명한 동물이 된 복제 양 '돌리(Dolly)'다.

최초의 복제 동물은 개구리

돌리 전에도 복제 동물은 여럿 탄생해 있었다. 동물이 발생
하는 과정의 비밀을 밝힌 공로로 노벨 생리의학상을 수상한 독
일의 발생생물학자 한스 스페만은 1938년에 발간한 저서 『배
진화와 유도 *Embryonic Development and Induction*』에서 동물을
태어나게 하는 흥미로운 방법을 처음 제안했다.

스페만은 수정란 세포에서 핵을 뽑아낸 후 미리 핵을 제거

한 난자에 집어넣어 수정란을 만듦으로써 한 개체를 태어나게 할 수 있다고 생각했다. '핵이식(nuclear transplantation)'이라는 이름이 붙여진 이 방법은 유전정보를 갖고 있는 핵을 인위적으로 선택한 개체를 만들 수 있는 길을 제시해 동물 복제의 가능성을 열었다.

스페만의 제안은 1952년 미국 필라델피아 암연구소의 로버트 브릭스와 토머스 킹에 의해 실현됐다. 브릭스와 킹은 개구리의 수정란 세포에서 추출한 핵을 미리 핵을 제거한 난자에 집어넣는 핵이식 방법을 통해 수정란을 만드는 데 성공했다. 이 수정란에서 태어난 올챙이가 인류가 만든 최초의 복제 동물이라 할 수 있다.

1962년 영국 옥스퍼드대의 존 고든은 개구리 창자에서 추출한 세포의 핵을 사용해 똑같은 핵 이식 방법으로 복제 올챙이를 태어나게 하는 데 성공했다. 고든의 실험이 중요한 의미를 지니는 이유는 수정란 대신 다 자란 개체에서 추출한 세포를 사용해도 똑같이 복제 동물을 만들 수 있다는 사실을 처음 보여줬기 때문이다.

1963년에는 영국의 유전학자 존 홀데인이 고든의 실험을 설명하면서 핵 이식이라는 용어 대신 '클론(clone)'이라는 단어를 처음 사용했다. 클론은 그리스어로 나뭇가지를 뜻하는데, 작은 나뭇가지로 온전한 나무를 만드는 꺾꽂이 방법과 똑같이 동물도 만들 수 있다는 의미로 사용하게 된 것이었다.

초창기의 동물 복제 실험에서 양서류인 개구리가 각광받은 이유는 개구리의 난자는 지름이 2mm 정도로 사람 눈에 직접 보일 정도로 크기 때문이다. 이 정도 크기의 난자는 가는 유리관으로도 손쉽게 핵을 제거할 수 있다. 더욱이 개구리는 몸 밖에서 수정란이 개체로 자라나는 체외수정을 하기 때문에 인간이 수정란의 발달 과정을 계속 관찰하고 돌봐줄 수도 있다. 반면 인간이 속해 있는 포유류는 난자 크기가 10분의 1 이상 더 작아 다루기가 아주 까다롭고, 체내수정을 하기 때문에 복제과정을 관찰할 수도 없다.

포유류에 속한 동물을 복제하려는 시도는 오랜 기간 동안 계속됐지만 번번이 실패로 끝나버렸다. 이런 상황에서 1981년 독일의 칼 일멘제와 피터 호페는 생쥐 수정란의 핵을 난자에 이식한 복제 생쥐를 만드는 데 성공했다고 발표했다. 그러나 일멘제와 호페의 실험은 방법이 불명확하고 다시 재현하지 못해 진위여부를 놓고 한동안 논란이 됐다.

1986년 영국 케임브리지대의 스틴 윌랫슨은 수정란을 이용해 성공적으로 양을 복제함으로써, 일멘제의 실험과 달리 포유동물이 복제가 가능하다는 사실을 과학적으로 보여주었다. 이듬해에는 미국 위스콘신대의 랜달 프래더가 소를 같은 방식으로 복제하는 데 성공했다.

돌리가 탄생하기 전까지 이뤄진 수정란을 이용하는 복제는 인위적으로 일란성 쌍둥이를 만드는 것과 같은 방법이다. 보통의 수정란이라면 그것이 자라서 어떤 개체로 자랄지는 미지의 영역으로 남는다. 반면 돌리의 탄생에 사용된 방법은 이미 성장이 끝난 개체의 몸에서 떼어낸 체세포를 이용해 개체를 복제한다. 이것은 이미 검증된 원본과 똑같은 유전정보를 지닌 개체를 만들어내는 것으로, 수정란 복제와는 차원이 전혀 다른 방법인 셈이다.

복제 양 돌리의 탄생

돌리의 탄생이 더욱 극적이었던 이유는 그 시기가 일반인들이 생명 복제에 관심을 두기 시작했을 무렵이었기 때문이다. 세포 하나로 생명체를 만들어내는 생명 복제가 사람들에게 널리 알려지게 된 계기는 1993년 할리우드에서 만들어진 SF영화 「쥬라기공원」을 통해서다. 영화 속에서는 호박이라는 보석 속에 들어있는 공룡의 DNA를 이용해 완전히 멸종한 공룡을 되살려내는 꿈같은 복제기술이 등장한다. 그리고 영화이기 때문에 가능하다고 믿었던 그 복제기술은 불과 3년 만에 현실로 나타났다.

체세포 복제를 통해 태어난 세계 최초의 포유동물인 돌리를 만든 중심인물인 윌머트 박사는 케임브리지대학교에서 박사 학위를 받은 후 오랜 기간 동안 동물의 수정란 연구에 매달린 과학자다. 그는 로슬린 연구소에서 좋은 품종의 가축을 늘리는 방법을 모색하다가 동물 복제 연구에 뛰어들었다.

동물 복제 연구를 본격적으로 진행하기 위해서 윌머트 박사는 상당한 연구비가 필요했는데, 영국의 생명공학벤처회사

돌리를 탄생시킨 이안 윌머트 박사와
서울대학교 황우석 교수.

인 PPL세라퓨틱이 그의 후원자로 나서면서 비용 문제가 모두
해결됐다. 자금을 지원받은 그가 가장 먼저 한 일은 함께 연구
할 유능한 과학자를 구하는 일이었다. 그는 포유동물 복제를
성공하기 위해서는 세포 분열에 정통한 과학자가 필요하다는
사실을 정확히 꿰뚫고 있었다. 때마침 런던대에서 박사 학위
를 받은 이 분야의 전문가인 캠벨 박사가 합류했다.

윌머트 박사는 복제할 원본으로 6살인 핀 도어싯 종류 암양
의 유방에서 채취한 젖샘세포를 선택했다. 실험실에서 냉동
보관 중이던 샘플 중 하나를 집어든 것으로, 유전정보를 제공
한 원본 양은 이미 도축된 후였다. 그러나 원본 샘플을 갖고
있고, 복제될 개체는 유전정보가 전혀 다른 대리모로부터 태
어날 것이기 때문에 복제 연구에 사용하는 데는 아무런 문제
가 되지 않았다.

연구팀은 젖샘세포를 영양분이 풍부한 배양액에서 키워 충
분히 수를 늘린 후, 영양분이 거의 없는 배양액으로 옮겨서 굶
겼다. 이 과정을 통해 세포는 자신이 젖샘에 있으면서 얻은 성

질을 모두 잃어버리고 온전한 유전정보를 갖고 있는 처음 상태로 돌아간다.

그 다음 윌머트 박사는 다른 암양에서 난자를 채취해 핵을 제거한 후 젖샘세포의 핵을 융합시켜 수정란을 만드는 일에 착수했다. 연구팀은 수정란을 만들기 위해 무려 277개의 난자와 핵을 융합시켰는데, 그중에서 29개만 수정란이 됐다.

복제된 수정란을 키울 대리모로는 블랙 페이스 종류의 암양이 선택됐다. 블랙 페이스 종을 고른 이유는 얼굴이 검기 때문에 원본인 핀 도오싯 종과는 겉모습부터 확연히 구별되기 때문이었다. 수정란을 이식한 블랙 페이스 암양 중 10여 마리에서 임신이 성공하였다.

수정란을 이식한 지 두 달 후부터 양의 임신 상태를 검사하는 초음파 검사가 이뤄졌다. 그러나 태아가 유산됐다는 사실이 속속 밝혀지면서 연구팀은 긴장할 수밖에 없었다. 다행히도 단 한 마리의 암양만이 끝까지 임신 상태를 유지해 인류 최초의 복제 포유동물을 무사히 분만했다.

태어난 복제 새끼양은 젖샘세포에 들어 있던 유전자가 수정란의 성장과 발달하는 데 관련된 모두 임무를 수행해 자란 것으로 검사 결과 원본과 유전정보가 완전히 똑같았다. 윌머트 박사는 젖샘세포로 복제했다는 사실을 강조하기 위해 가슴이 크기로 유명한 미국의 여배우 돌리 파튼에서 따와 복제 양에게 돌리라는 이름을 붙여줬다. 그리고 이듬해 연구 결과를 정리해 『네이처』에 「태아 및 성체 포유동물 세포에서 유도된

생존 가능한 자손」이라는 제목의 논문을 발표했다.

논문이 발표되면서 복제 양이 탄생했다는 사실이 알려졌고, 전 세계는 발칵 뒤집혔다. 돌리의 탄생이 과학적으로 기념비적인 사건이 된 까닭은 몸 안에 있는 세포의 종류와 수정란 때부터 얼마나 오랜 시간이 지났는지와 상관없이 체세포를 이용해 완전히 똑같은 개체를 만들 수 있다는 사실을 인간이 속한 포유동물에서 처음 보여준 실험이었기 때문이다.

재미있는 사실은, 많이 알려지지는 않았지만 윌머트 박사는 돌리 이전에 이미 체세포를 이용해 양을 복제하는 데 성공했었다는 점이다. 그는 돌리가 태어나기 1년 전인 1995년에 수정란이 발달하면서 만들어진 세포를 이용해 '메간(Megan)'과 '모랙(Morag)'이라는 이름이 붙은 양 두 마리를 태어나게 하는데 성공했다. 두 양은 분명 체세포 복제술로 태어난 개체들이었지만 과학계에서 거의 무명이었던 이들의 연구에 주목한 사람은 아무도 없었다.

정확히 말하면 세계 최초로 체세포 복제를 통해 태어난 포유동물은 메간과 모랙이며, 돌리는 두 번째가 돼야 한다. 굳이 말을 만들면 돌리는 성체인 원본의 체세포를 복제해 태어난 세계 최초의 복제 포유동물이다. 어쨌든 복제기술이 포유동물의 벽을 완벽히 넘을 수 있다는 사실을 처음 보여준 돌리는 하루아침에 세계적인 스타가 됐다.

동물 복제 퍼레이드

양에 이어 포유류에 속한 어떤 동물을 체세포 복제로 태어나게 할 수 있는지는 초미의 관심사가 됐다. 복제 양이 태어난 지 불과 1년이 지나면서부터 다른 복제 포유동물이 하나씩 등장하기 시작했다. 복제 동물의 탄생에 관한 연구는 대부분『네이처』와『사이언스』같은 최고 권위의 과학 전문지에 그 결과가 발표되었는데, 이들 잡지에 논문이 실린다는 것 자체가 과학적으로 완벽히 검증됐으며 아주 중요한 연구 결과라는 의미를 지닌다.

가장 먼저 복제 성공 소식을 전한 포유동물은 소와 쥐였다. 1998년 7월 일본 긴키대의 쓰노다 유키오 박사팀은 소의 난관 및 자궁세포를 이용해 복제 송아지 8마리를 태어나게 하는 데 성공해 그 결과를『사이언스』에 발표했다. 비슷한 시기 뉴질랜드의 웰스 박사팀도 소의 과립막세포를 이용해 소를 복제했다.

한편 같은 해 7월 미국 하와이대의 류조 야나기마치 박사팀은 쥐의 난구세포를 이용한 쥐의 복제에 성공해『네이처』에 발표했다. 실험실에서 많이 사용되는 쥐는 오랜 기간 동안 세계 곳곳에서 연구됐지만 수정 이후 급속도로 성장한다는 특성 때문에 번번이 복제에 실패했다. 하지만 그렇게 인간의 손길을 거부하던 쥐도 결국 '큐뮬리나(Cumulina)'라는 이름이 붙은 복제 쥐의 탄생으로 복제 동물 명단에 오르게 됐다.

1999년 2월 12일 드디어 우리나라에서, 세계에서 5번째로 체세포 복제된 포유동물이 태어났다. 서울대학교 황우석 교수 팀이 세계 최초로 젖소를 복제하는 데 성공한 것이다. 태어난 복제 젖소에는 '영롱이'라는 이름이 붙여졌는데, 대한민국의 생명과학기술이 영롱하게 빛나라는 뜻과 우리 농촌 경제를 일으키는 초석이 되라는 영농(營農)의 의미와 함께 복제 젖소가 젊게(young) 오래(long) 살라는 바람까지 담겨져 있다.

황 교수팀은 같은 해 4월 27일에 복제 한우도 처음 선보였다. 보통 소에 비해 2배 가까이 체중이 더 나가고 번식력이 뛰어나며, 병에도 강한 한우를 복제한 것이었다. 당시 우리나라 대통령은 시대를 초월한 작품을 남긴 황진이처럼 온 국민의 사랑을 받는 소가 되라는 뜻으로 '진이'라는 이름을 지어줬다.

1999년 8월에는 세계 최초로 수컷인 복제 포유동물이 탄생했다. 미국 텍사스 A&M대학교 연구팀은 '찬스(Chance)'라는 이름을 가진 뛰어난 수소를 복제해 수송아지를 태어나게 하는 데 성공했다. 당시까지 과학자들은 정확한 이유를 알지 못했지만 복제로 탄생한 포유동물은 모두 암컷이라는 공통점을 갖고 있었다. 태어난 복제 송아지에는 주인에게 부를 안겨준 원본처럼 두 번째 기회를 제공하라는 의미에서 '세컨 찬스(Second Chance)'라는 이름이 붙여졌다.

2000년 3월 복제 양 돌리를 탄생시킨 영국의 PPL 세러퓨틱의 연구팀은 돼지를 최초로 복제하는 데 성공했다. 장기 이식을 위해 유전자를 조작한 돼지로부터 다섯 마리의 복제 돼지가 탄생했는데, 각각은 밀레니엄에서 딴 '밀리(Milli)', 최초로 심장이식 수술을 한 크리스천에서 딴 '크리스타(Crista)', 이식 수술을 개척한 알렉시스 캐럴에서 딴 '알렉시스(Alexa)'와 '캐럴(Carrel)', 인터넷 열풍을 반영한 '닷컴(Dotcom)'으로 이름이 지어졌다.

같은 해 6월에는 중국 서북농림과학기술대학 장융 교수팀이 복제 염소를 최초로 선보였다. 그러나 '위앤위앤[元元]'이라는 이름이 붙여진 복제 염소는 폐의 발육 결함으로 호흡 곤란 증상을 보이다 36시간 만에 사망했다.

2001년 1월 미국의 생명공학 회사인 어드밴스드 셀 테크놀로지(ACT)는 멸종 위기에 있던 동물인 가우어를 복제하는 데 성공했다. 8년 전에 죽은 가우어의 피부세포를 젖소 난자에 집어넣어 복제한, 서로 다른 동물 종에서 이뤄진 '이종(異種) 간 복제'의 첫 성공사례였다. 복제 가우어는 성경에 나오는 노아의 방주에서 따 '노아(Noah)'라는 이름이 붙여졌는데, 이질 감염 때문에 48시간 만에 사망했다.

2002년 2월에는 미국 텍사스 A&M대학교 연구팀이 세계 최초로 복제 고양이를 탄생시키는 데 성공해 『네이처』에 발표했다. '씨씨(CC)'라고 이름 붙여진 복제 고양이의 탄생에는 한국인 과학자 신태영 박사가 논문의 제1저자로 참여해 눈길을 끌었다. 3월에는 프랑스 농학연구소(INRA) 장 폴 르나르 박사팀이 복제 토끼를 만드는 것에 성공해 『네이처 바이오테크놀로지』에 발표했다.

복제 고양이 '씨씨'와
원본 고양이.

　2003년 5월 미국 아이다호대학의 고든 우즈 박사팀은 생식
능력이 없는 노새를 성공적으로 복제하였다. '아이다호 젬(Idaho
Gem)'이라 이름이 붙여진 이 복제 노새는 노새 경주에서의 챔
피언을 복제한 것이었다. 한편 8월에는 이탈리아 스파란트니
축산연구소의 체잘레 갈 리 박사팀이 말을 복제하는 데 성공
했다. '프로메테아(Prometea)'라는 이름이 붙여진 복제 말의 탄
생 과정은 『네이처』에 소개됐다.

배아복제로 우뚝 선 대한민국

2004년 6월 5일 로널드 레이건 전 미국 대통령이 타계했다. 10여 년의 투병생활 동안 움직이지도, 말도 못하고 하다가 결국 그를 죽음에 이르게 한 질병은 알츠하이머였다. 냉전시대를 끝내고 미국을 세계 유일의 슈퍼파워로 이끌어 미국인들의 찬사를 한몸에 받은 대통령의 말로는 매우 비극적이었다.

2004년 10월 12일에는 영화 '슈퍼맨' 시리즈의 주인공으로 출연했던 영화배우 크리스토퍼 리브가 사망했다. 1995년 낙마 사고로 전신마비가 된 리브는 재활 의지를 굽히지 않고 각고의 노력을 기울여 많은 사람들에게 잔잔한 감동을 주었다. 그는 정상인 사람들에게 전신마비의 공포와 맞서 싸우는 사람들의 고통을 외면하지 말아 달라는 말을 남겼다.

낙마 사고로 전신마비가 된
'슈퍼맨' 크리스토퍼 리브.

레이건 전 대통령과 리브처럼 현대 의학으로는 손을 쓸 수
없는 질환 때문에 이루 말할 수 없는 고통을 겪는 사람들이
많다. 그런데 이런 곤란한 질환들을 치료할 수 있는 길이 열리
고 있다. 그 길의 주인공은 바로 '줄기세포'다.

인체의 만능 줄기세포

줄기세포(stem cell)는 우리 몸을 구성하는 모든 세포나 조직
의 근간이 되는 세포로서, 이론적으로 인체를 구성하는 모든
세포나 조직으로 분화가 가능한 만능 세포다. 더욱이 무한대
로 증식시킬 수 있기 때문에 손상된 장기나 조직을 재생하는
데 안성맞춤으로 그 활용 가능성이 상당히 높다.

예를 들어 줄기세포를 이용해 뇌세포를 만들면 뇌세포의
수가 줄어들어 알츠하이머로 고생하는 치매 환자에게 큰 도움
이 된다. 줄기세포로 신경세포를 만들면 전신마비인 사람이

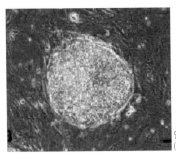
인간 배아 줄기세포
(포천중문의대).

다시 정상인처럼 움직일 수도 있다. 피부세포를 만들면 화상 환자가 원래의 뽀얀 피부를 되찾을 수 있다.

이외에도 줄기세포는 현대 의학으로 치료하기 어려운 모든 난치병의 치료에 돌파구를 마련할 것으로 기대를 모으고 있다. 사실 병이라는 것은 신체의 어떤 부분이 손상을 받았기 때문에 발생한다. 의약품을 사용해 원래의 기능을 되돌릴 수도 있지만 아예 통째로 건강한 세포로 바꿔주는 방법으로 병을 치료할 수도 있다. 이 때문에 줄기세포로 치료 못할 질환은 없다는 말까지 나오고 있다.

의학사에 새로운 장을 열 것으로 기대되는 줄기세포를 얻는 방법은 크게 두 가지로 나눌 수 있다. 하나는 우리 몸속에 들어있는 '성체 줄기세포'로 혈구세포를 끊임없이 만드는 골수세포가 여기에 속한다. 다른 하나는 정자와 난자가 만나서 된 수정란에서 얻는 '배아 줄기세포'다.

성체 줄기세포의 역사는 반세기 전으로 거슬러 올라간다. 1956년 미국의 내과의사 E. 도널 토머스는 생체에 골수를 주사하면 골수가 새로운 혈구를 생산한다는 사실을 밝혔다. 요즘 TV 드라마에서 여주인공을 더욱 비극적으로 만들기 위해 자주 등장하는 질병인 백혈병을 치료하는 데 사용되는 '골수 이식'이라는 방법이다. 도널 토머스는 이 공로로 1990년 노벨 생리의학상을 수상했다.

토머스는 골수와 같은 줄기세포가 갖고 있는 능력을 의학적으로 활용할 수 있다는 사실을 처음 보여줬다. 이후 질병 치료에 유용한 성체 줄기세포를 찾기 위해 상당히 많은 과학자들이 이 분야에 뛰어들었다. 그러나 과학자들이 거둔 성과는 줄기세포에 대한 기대에 한참 미치지 못하는 수준이었다.

성체 줄기세포를 얻을 수 있는 장소는 골수, 신경, 근육, 피부, 유방 그리고 출산아의 탯줄, 태반 등으로 한정된다. 상처가 생겼을 때 자체적으로 재생되는 장기의 조직에만 줄기세포가 존재하는데 이를 분리해 내기가 매우 까다롭다. 더욱이 이런 조직에서 얻은 줄기세포는 분화의 방향이 정해져 있어 뇌와 같은 다른 조직의 세포로 분화시키기가 거의 불가능하다.

이런 상황에서 1998년 11월 미국 위스콘신대학의 제임스 톰슨 교수와 존스 홉킨스대학의 존 기어하트 교수는 전혀 새로운 방식으로 줄기세포를 얻는 방법을 제시했다. 그들은 배아에서 줄기세포를 분리해낸 후 신경, 피부, 근육 등으로 분화시키는데 세계 최초로 성공했다. 이것이 배아 줄기세포의 등장이다.

배아 줄기세포에서 배아는 수정이 이뤄진 뒤 8주째가 되지 않은 수정란을 말한다. 배아는 여성의 몸속에서 대략 5~7일

동안 세포분열을 해 100-200여 개의 세포로 구성된 배반포기 배아로 자라 자궁에 착상된다. 착상이 이뤄진 배아는 이후 분화 과정을 통해 하나의 생명체로 자란다.

인간 배아 줄기세포는 보통 불임부부가 시험관 아기 시술에 사용하고 남은 냉동 잉여배아나 임신한 지 12주가 지나지 않고 유산된 태아에서 추출한 줄기세포다. 인간으로 자랄 세포이기 때문에 성체 줄기세포와 달리 인체를 구성하는 모든 세포로의 쉽게 분화시킬 수 있을 것으로 예상된다.

그러나 이런 장점은 윤리적인 측면에서 문제를 일으키고 있다. 배아는 인간이 될 세포이기 때문에 이를 줄기세포를 추출하기 위한 도구로 사용해서는 안 된다는 주장이 설득력을 얻고 있는 것이다. 그 결과 생명공학 연구에 대한 제한이 느슨하기로 유명한 영국에서조차도 수정한 지 14일이 지난 인간 배아에 대한 연구는 허용하지 않고 있다. 수정한 뒤 14일째부터 배아는 인간이 갖고 있는 기관이 될 원시선(原始線)을 갖추기 때문에, 이것은 세포덩어리에 불과했던 이전 배아와는 질적으로 다르다는 것에 기반을 둔 관점이다.

인간 배아복제

냉동 잉여 배아나 유산된 태아 외에도 인간 배아 줄기세포를 얻을 수 있는 제3의 방법이 있다. '인간 배아복제'로 체세포의 핵을 미리 핵을 제거한 난자와 융합시키는 체세포 복제

기술로 만든 배아에서 줄기세포를 추출하는 것이다.

인간 배아복제를 하면 복제 배아를 다량으로 만들 수 있다. 따라서 복제 배아에서 얻을 수 있는 줄기세포의 양도 엄청나게 많아지게 된다. 반면 냉동 배아나 유산된 태아의 경우에는 수가 한정되기 때문에 치료용으로 사용하기에는 턱없이 부족하다는 지적이 있어왔다.

또 인간 배아복제에는 기존의 배아 줄기세포가 갖고 있는 면역 문제가 전혀 없다. 기존의 냉동 배아에서 추출하는 줄기세포는 만능 세포이기는 하지만 다른 사람의 세포에서 면역거부반응을 일으킨다는 문제점을 지닌다. 백혈병 환자가 면역거부반응 때문에 자신과 비슷한 가족이나 형제를 찾아야 하는 것과 마찬가지다.

그러나 인간 배아복제를 사용하면 이런 문제가 간단히 해결된다. 치료할 환자의 체세포로 복제 배아를 만들면 원본인 환자와 똑같은 유전정보를 갖고 있다. 따라서 여기서 추출한 배아 줄기세포를 사용하면 그 환자를 치료할 때 가장 큰 효과를 볼 수 있다. 하지만 인간 배아복제 역시 윤리적인 문제로부터 자유롭지 않다.

1998년 11월 12일 미국의 생명공학 회사인 어드밴스드 셀 테크놀로지(ACT)는 사람의 체세포 핵을 미리 핵을 제거한 소의 난자와 결합시키는 복제기술로 인간 배아를 만드는 데 성공했다고 발표했다. 연구팀은 이식했을 때 거부반응이 없는 장기를 생산하기 위해 인간 배아복제를 시도했다고 밝혔다.

인간 배아를 만드는 데 사람 대신 소의 난자를 사용한 까닭은 이 연구에 쏟아질 윤리적인 비난을 피하기 위해서였다. 그러나 연구진들이 고심 끝에 내놓은 아이디어는 오히려 역효과를 냈다. 사람의 체세포와 소의 난자가 결합된 키메라(그리스 신화에 등장하는 사자, 염소, 뱀이 합쳐진 상상의 동물) 배아가 만들어졌다는 사실이 대부분의 사람들에게 혐오감을 불러일으켰기 때문이다.

1998년 12월 14일에는 우리나라 경희의료원에서 체세포 복제 방식으로 인간 배아를 만들어 4세포기까지 분열시키는 데 성공했다는 발표가 나왔다. 순수한 인간 배아복제로는 세계 최초의 발표로 전 세계적으로 화제가 됐다. 그러나 윤리적인 문제가 제기되고 연구 결과가 과학적으로 검증되지 않아 결국 없었던 일로 흐지부지되고 말았다.

복제기술로 만든 최초의 인간 배아는 3년 뒤 모습을 드러냈다. 2001년 11월 25일 ACT는 사람의 난구세포를 핵을 제거한 난자에 집어넣어 인간 배아를 만드는 데 최초로 성공했다고 발표했다. 그러나 만들어진 복제 배아는 6세포기까지 분열하다가 죽고 말았다.

배아복제에 한 획을 그은 황우석 박사팀

인간 배아복제는 현실이 됐지만 복제 배아를 8세포기 이상으로 키우는 데 실패하면서 과학계에서는 마의 장벽이 존재해

8세포기 이상 키울 수 없는 게 아니냐는 주장이 제기됐다. 배아를 못 키우면 줄기세포를 아예 뽑을 수 없기 때문에 배아복제는 의학적으로 활용할 수 없다는 회의론이 불기 시작했다. 이런 상황에서 전 세계를 깜짝 놀라게 한 연구 성과가 우리나라에서 거둬졌다.

2004년 2월 13일 서울대학교 황우석 교수와 문신용 교수는 미국 시애틀에서 열린 특별 기자회견에서 "인간 배아를 복제하고 여기서 줄기세포를 추출해 배양하는 데 세계 최초로 성공했다"고 발표했다. 세계 각국의 주요 외신들은 '지금까지 연구의 어려움을 몇 단계 건너 뛰어, 인간 배아복제의 활용 가능성을 한 차원 높였다'며 일제히 대서특필했다.

황우석 교수팀은 자세한 연구 결과를 『사이언스』 3월 12일자 표지논문으로 발표했다. 연구팀은 체세포인 난세포를 핵을 제거한 난자와 융합시켜 복제 배아를 만들었다. 복제 배아는 초기 상태로 되돌릴 때 시간을 지연하는 방법이 처음 사용됐고, 새롭게 개발한 배양액에서 키워졌다. 결국 30개의 복제 배아가 배반포기까지 자라났다.

배반포기 배아에는 내부세포덩어리라는 알맹이 같은 부분이 존재하는데, 바로 여기서 줄기세포를 뽑을 수 있다. 연구팀은 20개의 내부세포덩어리를 확보해 결국 1개의 내부세포덩어리에서 '줄기세포주'를 확보하는 데 성공했다. 줄기세포주란 영원히 분열하도록 만든 줄기세포로 줄기세포와 관련된 연구를 진행하기 위한 바탕이 된다.

연구팀은 복제 배아에서 추출한 줄기세포를 냉동 배아에서 추출한 줄기세포와 비교했다. 그 결과 아무런 차이가 없었으며, 똑같이 다른 세포로 성장시킬 수 있다는 사실을 확인했다. 이것은 복제 배아의 줄기세포를 치료용으로 사용하는 데 아무런 장애가 없다는 것을 뜻한다.

세계 과학계에서는 우리나라 과학자들이 인간복제 배아에서 줄기세포를 추출하는 데 성공한 사실을 두고 치료 목적의 복제를 위한 길을 열었다고 높이 평가했다. 영국 케임브리지 대의 로저 피터슨 교수는 "18세기 영국에서 산업혁명이 일어난 것처럼 21세기에는 대한민국에서 생명공학혁명이 시작됐다"는 엄청난 찬사를 보내기까지 했다.

연구를 주도한 황우석 교수는 한국 과학기술계의 최고 스타로 부상했다. 노벨상 수상에 가장 근접한 한국인 과학자라는 평가를 받으면서 그의 연구를 뒷받침하기 위한 후원회가 결성됐다. 사회 각계가 참여해 과학자를 후원하는 모임이 결성되기는 국내에서 처음 있는 일이었다. 또 외국으로부터 1조 원이라는 천문학적인 연구비 제의를 받았으나 거절했다는 사실이 알려지기도 했다.

그러나 황 교수팀은 이처럼 뜨거운 열기에도 불구하고 연구 성과를 공개한 직후 인간 배아복제 실험을 즉각 중단하겠다는 발표를 했다. 인간 배아복제는 윤리적인 논란에서 자유롭지 않기 때문이다.

복제에 의해 만들어지는 배아는 정자와 난자가 결합돼 만들어지는 자연스런 배아와는 태생이 다르기는 하지만 인간이 될 수 있다는 똑같은 운명을 지니고 있다. 과학계에서는 복제 배아를 만들어 내부세포덩어리가 생성되는 단계까지만 키운 뒤 여기에서 줄기세포를 꺼내는 행위와 복제인간을 만드는 인간복제는 엄연히 구별돼야 한다는 목소리가 나오고 있다. '치료용 복제(therapeutic cloning)'의 개념이다. 인간복제는 원천적으로 금지돼야 하지만, 치료용 배아복제는 인류의 건강한 미래를 위해 꼭 필요한 기술인만큼 엄격한 한도 안에서는 적절히 이용하는 지혜를 보여야 한다는 입장이다.

줄기세포 연구 방향은?

난치병 치료를 위한 줄기세포를 얻는 소스로 인간 배아만 고집할 필요가 없다는 주장이 제기되고 있다. 분화 능력의 부족 때문에 뒤로 밀려났던 성체 줄기세포를 재조명해야 한다는 의견이다. 성체 줄기세포는 다 자란 개체에서 추출할 수 있기 때문에 윤리적으로 아무런 논란이 없다.

성체 줄기세포에 대한 연구를 적극적으로 추진해야 한다고 말하는 과학자들은 성체 줄기세포가 예상보다 활용 가능성이 훨씬 높다고 말한다. 성체 줄기세포를 정해진 조직 외에도 다른 조직으로 얼마든지 분화시킬 수도 있다는 것이다. 실제로 5~6년 전부터 성체 줄기세포를 근육세포나 간장세포, 신경세포로 만들 수 있다는 연구결과가 꾸준히 발표되고 있다.

분화의 방향이 정해져 있다는 단점이 장점으로 변할 수도 있다는 의견 역시 나오고 있다. 줄기세포의 분화와 조절을 밝히는 연구를 진행할 때 어디로 튈지 모르는 배아 줄기세포와 달리 성체 줄기세포는 방향이 정해져 있어 오히려 더 유리하다는 설명이다.

또 성체 줄기세포는 치료용으로 사용할 때 면역거부반응이 없다는 장점을 지닌다. 환자의 몸에서 추출한 줄기세포를 키워 사용하면 되기 때문이다. 반면 배아 줄기세포는 환자의 체세포를 이용하는 인간 배아복제를 하는 경우를 제외하면 면역거부반응으로부터 자유롭지 않다.

성체 줄기세포를 얻을 수 있는 조직의 수는 점점 늘어나고, 채취한 줄기세포는 점점 더 다양한 세포로 분화되면서 성체 줄기세포를 이용해 많은 종류의 질병을 치료할 수 있는 전망을 밝게 하고 있다. 그러나 여전히 성체 줄기세포를 얻는 일은 복잡하고 까다로우며 양이 많지 않다는 단점을 지니고 있다.

줄기세포에 대한 연구는 이제 시작 단계다. 과학자들은 지금까지 줄기세포를 이용해 뇌, 간, 심장 등 여러 신체 장기를 이루는 세포를 배양하는 데 성공했다. 그러나 이러한 만능 세포를 어떻게 해야 원하는 조직으로 분화시킬 수 있는지, 이 과정에 관여하는 유전자와 단백질 그리고 그들의 상호작용에 대한 이해는 아직 많이 부족한 상황이다. 실제 의학적인 활용까지 넘어야 할 산이 한두 개가 아닌 것이다.

줄기세포 연구에서 먼저 활용 가능성이 높다고 평가된 인간 배아 줄기세포는 인간이 될 세포를 실험 대상으로 한다는 윤리적인 논란이 제기되고 있다. 인간 배아복제는 배아 줄기세포를 얻을 수 있는 유력한 방법이지만 이것이 곧 인간복제로 이어질 수 있다는 우려가 발목을 잡고 있다. 반면 성체 줄기세포는 연구의 어려움 때문에 장밋빛 미래를 보장해 줄지가 아직 미지수다.

줄기세포 연구는 인류의 미래를 좌우하리라 예상될 만큼 성장 가능성이 엄청나게 큰 분야로 평가되고 있다. 줄기세포 연구가 도움을 줄 수 있는 분야 중 하나인 알츠하이머나 중풍 같은 노인성 뇌질환의 예를 한번 살펴보자.

흔히 치매라 불리는 증세의 주요 원인인 알츠하이머와 중풍이라고 불리는 뇌졸중은 환자뿐 아니라 가족까지 오랜 기간 고통으로 내몰기 때문에 '노년의 저주'라 불리면서 심각한 사회문제로까지 번지고 있다. 2030년경에는 전 세계적으로 65세 이상의 노령 인구가 2배로 늘어나면서, 관련 환자수도 2배로 늘어날 것으로 예상되고 있다. 미국에서만 노인성 뇌질환 환자수가 900만 명에, 의료 경비가 200조 원에 달할 것이란 전망도 나와 있다.

줄기세포 연구는 겨우 걸음마 단계지만 그 파급 효과를 생각하면 결코 손을 놓아서는 안 되는, 생명공학의 중점 연구 분야에 속한다. 인간 배아복제를 통해 줄기세포를 추출하는 데 성공해 세계 최고 수준임을 증명한 우리나라 연구진은 보다 합리적인 판단을 내릴 필요가 있다.

복제인간 바로 알기

나와 똑같은 내가 있다면? 인간은 자신을 소중하게 생각하는 만큼 자신과 똑같은 존재에 대해서는 본능적으로 막대한 두려움을 느낀다. 이런 두려움을 보여주는 대표적인 예로 '도플갱어(doppelgänger)'라는 현상이 있다.

도플갱어란 독일어로 '이중으로 돌아다니는 사람'이라는 뜻인데, 우리말의 분신(分身) 혹은 생령(生靈, 살아있는 자의 영혼)과 비슷한 의미를 갖는다. 도플갱어와 관련된 속설로 '세상에는 나와 똑같은 사람이 어딘가에 살고 있는데, 우연히라도 두 사람이 서로 만나면 죽게 된다'는 것이 널리 퍼져 있다.

이 외에도 동서양을 막론하고 오래 전부터 거울 등에 비춘 모습이 아닌 자기 자신을 현실에서 보게 되면 죽음이 찾아온다는 얘기가 전해지고 있다. 자신과 똑같은 존재를 만나면 죽음이 찾아온다는 얘기들은 똑같은 개체는 정체성을 위협하는 상대방에 대해 살의를 느낄 것이라는 추측에서 만들어진 것으로 생각된다.

동물을 복제하는 기술이 발전하자 많은 사람들은 자신과 똑같은 인간을 만드는 인간복제를 떠올렸다. 생김새뿐만 아니라 목소리, 행동, 심지어 생각까지 똑같은 도플갱어와 같은 복제인간이 현실에 등장한다는 것은 아주 끔찍한 일이다. 그러나 실제 복제인간은 이와는 전혀 다른 모습이다. 복제인간은 과연 어떤 존재일까?

영화에 등장한 레플리컨트

복제인간에 대해 얘기하면 대부분의 사람들은 머릿속에 어떤 개념을 떠올리면서 그리 낯설어 하지 않는다. 가장 큰 이유는 공상과학(SF) 영화들을 통해 복제인간의 모습을 심심치 않게 봐왔기 때문이다. 물론 영화가 복제인간을 알리는 데 공헌한 면은 있지만 그만큼 많은 사람들에게 다양한 오해와 편견을 심어주는 부작용을 준 것도 사실이다.

복제인간이 등장하는 대표적인 영화로 가장 먼저 1978년에 만들어진 프랭클린 J. 샤프너 감독의 영화 「브라질에서 온 소년들 The Boys from Brazil」을 꼽을 수 있다. 아이라 레빈이 지은 동명의 소설을 원작으로 하는 이 영화는 살아남은 독일

나치 전범들이 제2차세계대전을 일으킨 독재자 아돌프 히틀러를 복제한다는 엽기적인 상상을 담고 있다.

영화에서는 히틀러 복제를 통해 태어난 94명의 아이들이 히틀러가 성장한 환경과 비슷한 가정으로 입양된다. 나치 전범들은 히틀러의 아버지가 히틀러의 어린 시절에 사망했다는 사실을 재현하기 위해 복제아를 입양한 아버지들을 살해하기까지 한다. 그러나 아이들이 나치 전범들의 뜻대로 자라주지는 않는다.

이 영화에 등장하는 복제된 아이들은 마치 붕어빵처럼 똑같은 모습에 똑같은 성향을 지니고 있다. 명배우 그레고리 펙과 로렌스 올리비에가 나치 전범 의사와 이를 봉쇄하려는 추적자로 열연한 이 작품 덕분에 이후 히틀러는 인간복제를 얘기할 때 빠지지 않고 등장하는 인물이 됐다.

인간복제를 다룬 영화 중 가장 많이 얘기되는 걸작은 1982년 개봉된 거장 리틀리 스콧 감독의 SF영화 「블레이드 러너 Blade Runner」다. 베스트셀러 작가 필립 K. 딕의 『인조인간은 전기 양의 꿈을 꾸는가? *Do Androids Dream of Electric Sheep?*』라는 소설을 원작으로 하는 이 영화는 2019년의 암울한 미래를 배경으로 하고 있다.

영화에서는 외계 행성을 지구의 식민지로 건설하는 위험한 일을 인간 대신 수행하기 위해 만들어진 복제인간인 '레플리컨트'가 등장한다. 레플리컨트는 원래 감정을 느끼지 못하도록 만들어졌는데, 인간과 같은 감정을 갖게 되면서 식민지 행성에서 폭동을 일으킨다. 블레이드 러너는 지구에 들어온 레플리컨트를 색출해 살해하는 임무를 맡은 특수 경찰이다.

해리슨 포드가 블레이드 러너인 데커드 역을, 숀 영이 레플리컨트인 레이첼 역을 맡은 이 영화에서 복제인간은 오히려 인간보다 더 인간적이다. 영화 개봉 당시에는 흥행에 실패했지만 시간이 흐르면서 기계 문명에 찌든 디스토피아적 미래에서 펼쳐지는 인간과 복제인간의 갈등과 고뇌를 섬세하게 표현한 희대의 걸작이라는 평가를 받고 있다.

「블레이드 러너」는 복제인간이 인간과 완전히 똑같다고 하더라도 인간에 의해 만들어졌다는 원죄 때문에 인간과 똑같은 대우를 받지 못하고 노예처럼 다뤄질 것이라는 예상을 담고 있다. 이런 생각은 1988년 발표된 C. J. 체리가 쓴 SF 3부작 『사이틴 *Cyteen*』에서도 나타난다. 이 소설에서 복제인간은 전쟁터에 대신 보내기 위해 만들어진 인간 병기로 등장한다.

반면 1996년의 코미디 영화 「멀티플리시티 Multiplicity」는 복제인간에 대한 가볍고 발랄한 상상을 보여준다. 마이클 키튼이 분한 주인공은 몸이 열 개라도 부족한 직장인이다. 가정에 소홀하다는 죄책감을 느끼고 있던 그는 우연히 인간복제에 성공한 과학자를 만나 자신의 일을 분담하기 위한 복제인간을 만든다.

자신과 똑같은 복제인간이 만들어지자 주인공은 일을 나눠 하면서 직장과 가정에 모두 충실한 만점 남편이 된다. 그러나 일은 아무리 해도 끝이 없기 마련이라, 첫 번째 복제인간은 자신의 일을 분담하기 위해 두 번째 복제인간을 만들고, 두 번째

아놀드 슈왈츠제네거 주연의
SF영화 「여섯 번째 날」.

는 세 번째를 만들면서 한바탕 소동이 벌어진다. 이 영화에 등장하는 복제인간은 겉모습과 성격이 완전히 똑같고 심지어 복제 순간까지 기억을 공유하고 있다.

2000년 개봉된 SF영화 「여섯 번째 날」에서도 이와 비슷한 복제인간이 등장한다. 할리우드의 액션 스타 아놀드 슈왈츠제네거가 분한 주인공은 평범한 직장인으로 어느날 퇴근하다가 마당에서 우연히 집안을 들여다본다. 그런데 자신과 똑같이 생긴 사람이 가족들과 함께 즐겁게 생일 파티를 하고 있는 것이 아닌가!

두 명이 된 주인공은 누가 원본인지, 누가 복제인간인지 혼란을 겪기도 하지만 결국 힘을 합해 악당의 음모를 화끈하게 분쇄해 버린다. 복제인간을 다루는 대부분의 영화들과 달리 이 영화는 복제인간을 만드는 과정을 과학적으로 접근하려는 시도를 보여주고 있다. 복제인간이 생김새가 똑같은 이유는 생명공학기술 덕분이고, 기억이 똑같은 이유는 신코딩이라는 기술로 이식했기 때문이라는 설명이 나오고 있다.

붕어빵 아니다

현실에서 체세포를 이용한 생명 복제기술을 통해 유전정보가 똑같은 복제인간이 태어났다고 가정해 보자. 복제인간은 보통 인간과 다른 어떤 특징을 갖고 있지 않을까 생각할 수 있다. 그러나 복제인간은 생물학적으로 보통 인간과 전혀 다르지 않으므로 색안경을 끼고 바라볼 이유가 전혀 없다.

대부분의 사람들은 복제인간은 마치 붕어빵을 찍어 놓은 것처럼 원본인 인간과 완전히 똑같을 것이라고 생각하는 경우가 많다. 그러나 실제 복제인간은 원본인 인간과 구별 못할 정도로 닮을 수가 없다. 우리 주변에서 볼 수 있는 일란성 쌍둥이보다도 더 닮지 않는 정도다.

일란성 쌍둥이라 해도
외모가 완전히 똑같지는 않다.

물론 일란성 쌍둥이 중에는 겉모습이 거의 똑같아 구별하기 쉽지 않은 경우도 많다. 특히 똑같은 옷을 입고 가만히 앉아 있으면 더욱 헷갈린다. 그러나 자세히 살펴보면 생김새와 목소리에 미세한 차이가 있고, 행동이나 성격, 생각은 더욱 뚜렷하게 구별된다. 사실 일란성 쌍둥이를 친구로 둔 사람들은 여간해서는 그들을 헛갈리지 않는다.

일란성 쌍둥이는 수정란이 발달하는 과정에서 나뉘어져 두 명으로 자란 것이기 때문에 유전정보가 완전히 똑같다. 개체의 발달을 총 지휘하는 유전정보가 같아도 쌍둥이가 완전히 똑같지 않은 이유는 밑바탕이 같아도 유전정보가 발현되는 과정에서 차이가 나타나기 때문이다. 유전정보의 발현 양상은 자라면서 접하는 주변 환경에 의해 많이 결정된다고 한다.

복제인간이 일란성 쌍둥이처럼 유전정보가 똑같다고 하더라도, 복제인간과 원본인 인간과의 차이는 일란성 쌍둥이보다 당연히 더 클 수밖에 없다. 일란성 쌍둥이와 달리 복제인간은 몇 살이든 나이가 든 사람을 복제한 것이므로 나이 차이가 있기 때문이다. 나이 차이는 복제인간을 일란성 쌍둥이보다 더욱 다른 환경에서 자라게 한다.

실제 복제기술로 태어난 동물들을 살펴보면 복제를 한 개체 원본과 판에 박은 듯 똑같지도 않을 뿐더러, 사람들이 생각하는 것보다 훨씬 더 큰 차이가 나타난다. 과학자들은 그 이유를 밝혀냈다. 바로 난자의 미토콘드리아에 들어 있는 유전자 때문이다.

미토콘드리아는 세포질에 존재하는 소기관으로 세포 전체의 1%에 해당하는 유전자를 갖고 있다. 복제에서는 원본의 세포를 핵을 제거한 난자와 융합해 수정란을 만든다. 난자에서 핵을 제거해 유전정보를 지웠다고 하지만 미토콘드리아 안에 들어있는 유전자까지 없앨 수는 없다. 즉, 복제된 개체는 난자의 미토콘드리아 때문에 원본인 개체와는 1%의 유전정보가 다르게 된다(이 책의 다른 부분들에서는 편의상 유전정보가 '거의 똑같다'는 표현 대신 '똑같다'는 표현을 사용했다).

결론적으로 복제인간은 원본인 인간과 나이 차이가 있는 일란성 쌍둥이다. 그러나 더 다른 환경에서 자라므로 일란성 쌍둥이만큼 서로 닮지 않는다. 더욱이 미토콘드리아 유전자 때문에 일란성 쌍둥이처럼 유전정보가 완전히 똑같지도 않아 복제인간과 원본인 인간과의 차이는 더욱 커진다.

능력은 복제되지 않는다

히틀러를 복제해 히틀러와 같은 독재자를 만드는 일은 가능할까? 섹스 심벌로 한 시대를 풍미한 마를린 먼로를 복제한 여배우나, 농구 황제 마이클 조던을 복제한 농구선수를 만드는 것은 어떨까? 앨버트 아인슈타인을 복제해 천재 과학자를 만드는 것은?

영화에서처럼 히틀러를 복제해 독재자를 만드는 일은 과학적으로 봤을 때 완벽히 불가능하다. 우선 복제를 하기 위해서는 원본인 세포가 필요한데, 히틀러는 이미 지구상에 존재하지 않는다. 히틀러의 세포가 남아있다고 가정하더라도 복제한 아이가 독재자가 될 가능성은 거의 0에 가깝다.

히틀러를 비롯해 먼로, 조던, 아인슈타인을 복제해 똑같이 뛰어난 능력을 지닌 사람을 만드는 일이 가능한지의 여부는 '인간복제를 통해 개인의 뛰어난 능력을 함께 복제할 수 있을까?'라는 질문의 답과 직접 연관된다.

외모의 경우 복제인간은 원본과 똑같기는 어렵지만 운이 좋으면 일란성쌍둥이 만큼 닮을 수 있다. 아름다운 미모 등 외적인 측면을 복제하는 일은 가능하다고 한발 물러선다고 하더라도 능력의 경우는 상황이 전혀 다르다.

운동선수의 경우 "신체 능력이 타고났다"는 표현을 사용하는 경우가 많다. 실제로 육상 100m 경기는 흑인들의 독무대이고, 마라톤에서는 아프리카 케냐 선수들이 상당히 강세를 보이고 있다. 과학적으로도 신체의 근육 구성을 비롯해 지구력, 순발력 등은 선천적으로 사람마다 차이가 난다.

그러나 운동선수가 가진 모든 재능을 복제해 내는 것은 불가능하다. 과학자들의 연구 결과를 살펴보면 근육과 관련된 능력이 유전자와 가장 많이 관련되는데, 힘센 부모 밑에서 태어난 자식이 힘셀 경우는 3명 중 1명 정도에 그친다. 실제 운동을 할 때 중요한 심장과 허파, 순환계의 능력은 거의 후천적인 노력에 따라 달라진다. 조던을 복제해도 농구를 잘 할지는 미지수인 셈이다.

아인슈타인과 같은 과학자를 복제해 천재 과학자를 만드는 일도 불가능하기는 마찬가지다. 복제인간이 원본의 지능을 물려받을 가능성이 큰 것은 사실이다. 유전정보가 같은 일란성 쌍둥이를 대상으로 한 연구결과를 살펴보면, 자란 환경이 다르더라도 지능이 같을 확률은 80% 정도나 된다. 문제는 대부분의 과학자들이 성공한 까닭은 뛰어난 지능이 아닌 끊임없는 노력 덕분이었다는 점이다.

후천적으로 별다른 노력 없이 선천적으로 천재인 사람도 있다. 이런 타고난 천재를 복제한다고 하면 어떨까? 그런데 이 경우에도 복제된 인간이 원본만큼 우수할지는 의문이다. 복제인간이 원본과 똑같은 지적 능력을 갖고 있다고 하더라도 시대가 완전히 다르기 때문이다. 복제된 인간이 가진 능력을 현재 발휘했을 때 뛰어나다고 평가받으리라는 보장이 없는 것이다.

개인의 능력은 결코 유전자에 의해 한정되지 않는다. 유전자는 인간의 행동이나 심리적 특성을 결정하는 것이 아니라, 간접적이고 확률적으로 영향을 미치는 것일 뿐이다. 유전정보가 똑같은 일란성쌍둥이의 경우도 다른 환경에서 자라면 실제 능력이나 성향에서 큰 차이를 보인다.

따라서 원본과 나이 차이도 있고 유전정보도 1%가 다른 복제인간은 다른 환경에서 자라기 때문에 원본과 똑같은 능력을 갖고 있을 가능성은 높지 않다. 혹 물려받았다고 하더라도 후천적인 노력이 중요하다. 현 시대에서는 복제된 능력을 발휘하기 어려울 수도 있고, 어쩌면 별 쓸모없는 능력일 수도 있다. 더욱이 뛰어난 원본이 존재한다면 오히려 복제인간에게 심리적으로 부담이 돼, 능력 발휘에 어려움을 겪을 가능성이 크다.

Yes! 인간복제

인간복제에 대한 얘기를 꺼내면 대부분의 사람들은 부정적인 반응을 보인다. 막연하지만 복제라는 단어가 인간과 결합되면서 나쁜 것들을 연상시키기 때문이다. 외계인 기원을 얘기하는 종교 단체나 공명심에 빠져있는 과학자들이 인간복제를 추진한다는 사실을 알고 나면 인간복제에 대한 반감은 더욱 커진다. 그런데 이런 선입관을 갖고 인간복제에 대한 찬반 입장을 간단히 정해버려도 되는 것일까?

미치광이(?) 과학자들이 벌이는 불장난 정도로 인간복제를 치부해버리고 말기에는 문제가 그렇게 간단하지 않다. 인간복제를 하는 것이 옳은지 그른지 제대로 판단하기 위해서는 찬성하는 측의 주장에도 귀를 기울여야 한다. 허무맹랑한 이유

가 아닌 나름대로 논리를 갖고 있는
찬성측 의견에 말이다.

인간복제 반대 목소리가 대세를 이
루는 가운데 자신의 소신을 굽히지
않고 찬성한다는 입장을 꾸준히 밝히
고 있는 과학자들이 있다. 미국 버밍
엄 소재 앨러배마대의 그레고리 펜스
교수와 영국 맨체스터대의 존 해리스

인간복제를 찬성하는
앨러배마대학교
그레고리 펜스 교수.

교수 등이 대표적이다. 이들은 인간복제는 핵에너지처럼 부정
적인 측면과 긍정적인 측면을 모두 갖고 있는 양날의 검과 같
다고 말하고 있다. 사용하기 나름이라는 주장이다.

누가 원하나?

세계 최초로 복제인간을 탄생시키는 데 성공했다고 발표했
던 라엘리안 무브먼트는 현재 수백여 명이 인간복제를 신청한
상황이라고 밝히고 있다. 그러나 어떤 사람들이 복제를 신청
했는지는 공개하지 않고 있다. 인간복제를 원할 만한 사람들
의 대표적인 유형을 담은 가상 시나리오를 통해 직접 당사자
가 돼 인간복제 문제를 한번 생각해보자.

A씨는 몸이 열개라도 부족한 바쁜 직장인이다. 우연히 인
간복제를 주제로 한 SF영화를 본 그는 영화에서처럼 자신과
똑같은 존재를 복제하길 원한다. 귀찮은 일을 대신 시키고 싶

기 때문이다.

B씨는 결혼한 지 10년이 넘은 40대 남성이다. 그는 얼마 전까지만 해도 사랑하는 아내와 뒤늦게 얻은 소중한 딸과 함께 남부럽지 않은 행복한 가정을 꾸리고 있었다. 그런데 몇 달 전 이제 겨우 2살이던 사랑하는 딸을 사고로 잃는 끔찍한 일을 당했다. 사고는 그의 인생을 완전히 바꿔버렸다.

B씨는 지금까지 외동딸을 잃은 슬픔에서 헤어나지 못하고 있다. 더욱이 아내는 몸져누워서 딸의 이름만 계속 부르고 있다. 그는 만약 딸을 복제할 수 있다면 끔찍한 악몽에서 깨어나 예전의 행복한 가정을 되찾을 수 있으리라고 생각하고 있다.

C씨는 올해 60살이 된 은퇴한 사업가다. 그는 경제적으로 성공했지만, 젊었을 때 너무 고생한 탓에 건강이 나쁘다. 그런데 얼마 전 주치의로부터 간, 심장 등이 좋지 않다면서 지금 상태로는 1년을 더 살기 어렵다는 충격적인 소식을 들었다.

C씨는 아직 죽음을 맞이하기는 이른 나이다. 지금까지 쉬지 않고 일만 해오던 것을 후회하고 있다. 그는 뇌가 없는 복제인간을 만들어서 간이나 심장 등을 교체한 후, 새로운 인생을 살기를 꿈꾸고 있다.

D씨는 결혼한 지 5년이 된 평범한 30대 기혼여성이다. 행복한 가정을 꾸리고 있던 그녀에게 큰 문제가 생겼다. 아무리 노력해도 아이가 생기지 않기 때문이다. 불임클리닉에 찾아간 그녀는 담당 의사로부터 시험관 아기와 같은 체외수정법으로는 결코 임신할 수 없는 불임이라는 끔찍한 소식을 들었다. 아

이를 갖는 유일한 방법은 남편의 체세포를 복제해 아이를 만드는 것이다.

E씨는 결혼한 지 3년이 된 남성으로 아이를 곧 출산할 계획을 갖고 있다. 선천적인 유전질환을 갖고 태어난 그는 병원을 자주 들락거려야 했고 친구들로부터도 늘 따돌림을 당했다. 그는 태어나는 아이가 자신의 유전질환을 물려받으면 불행할 것이라는 생각을 갖고 있다. 태어날 아이의 행복을 위해서 자신의 배우자를 복제한 아이를 갖고 싶어 한다.

개인이 선택할 문제다

인간복제에 찬성하는 과학자들 역시, 현재 당장 인간복제를 시도하면 과학기술적으로 태어날 아기가 잘못될 가능성이 크기 때문에 금지해야 한다는 데 동의한다고 말한다. 대신 과학기술적인 문제들이 어느 정도 해결되어, 복제해서 태어날 아기가 육체적 피해를 입을 가능성이 심각하지 않다고 결론을 내릴 수 있다면 인간복제는 얼마든지 정당화될 수 있다고 주장한다.

찬성하는 과학자들의 입장은 기본적으로 인간복제가 어려운 상황에 처해 있는 몇몇 사람들에게는 큰 도움이 되는 기술이라는 생각에 바탕을 두고 있다. 특수한 경우에 처해 있는 사람들을 위해 개인의 선택 문제로 남겨야 한다는 것이다. 그들은 인간복제와 관련이 없는 다수의 사람들이 이 기술이 필요한 소수의 의견을 묵살해서는 안 된다고 주장한다. 찬성하는 과학자들의 주장에 따라 앞에서 얘기한 가상 시나리오에 등장한 사람들을 살펴보자.

A씨와 B씨는 인간복제에 대한 개념을 완전히 잘못 알고 있는 대표적인 경우다. 복제인간은 원본인 인간과 절대 똑같은 존재가 아니다. 귀찮은 일을 시키려는 A씨에 비해 딸을 잃은 B씨의 경우는 나름대로 인간복제가 간절해 보이기도 한다. 그러나 잘못된 생각이기 때문에 결코 정당성을 얻지 못한다.

C씨는 인간복제로 아주 위험한 일을 시도하려는 경우다. 현대 의학에서는 장기이식 등을 위해 뇌가 활동을 멈추면 사망한 걸로 간주하는 뇌사 개념이 널리 퍼지고 있다. 이를 확장시켜 뇌가 존재하지 않으면 사망한 것으로 볼 수 있으므로 뇌가 없는 복제인간을 만들어 장기를 사용하자는 주장이 일부에서 나오고 있다. 그러나 인간복제에 찬성하는 과학자들도 이는 인간이라는 생명을 도구로 여긴 것으로 결코 용납될 수 없는 행동이라고 말한다.

D씨가 바로 인간복제 찬성 과학자들이 허용해야 한다고 말하는 대표적인 경우에 해당된다. 인간복제는 생식세포에 문제가 있어 불임인 부부에게 유용한 해결책이 될 수 있다는 주장이다. 동성연애자처럼 다른 방법을 통해 자식을 가질 수 없는 모든 사람들이 비슷한 범주로 인간복제가 허용될 수 있다고 말한다.

현재 의학적으로 허용되는 어떤 기술을 사용하더라도 아이를 갖지 못하는 불임 부부가 아기를 갖고 싶어 할 때는 다른 사람의 아이를 입양하는 방법을 선택해야 한다. 인간복제를 찬성하는 측에서는 인간은 본능적으로 자신의 유전자를 물려받은 아이를 키우기를 원하기 때문에 입양은 그렇게 바람직한 해결책이 아니라고 얘기한다. 자유민주주의 사회에서 자신의 아이를 낳아서 키울 수 있는 자유를 엄연히 보장해줘야 한다면, 그 선택이 다른 사람이나 사회 전체에 피해를 주지 않는 범위 내에서 인간복제는 당연히 허용돼야 한다는 것이 그들의 주장이다.

E씨는 자식이 잘되길 바라는 어쩌면 아주 평범한 부모의 전형적인 모습이다. 자신의 유전병을 물려주고 싶어 하는 부모는 아무도 없다. 찬성측에서는 유전적인 질병을 갖고 있는 부부가 그냥 아기를 가진다면 부모뿐만 아니라 질병을 갖고 태어날 자녀도 불행할 것이 뻔하기 때문에 인간복제를 허용해 줘야 한다는 입장을 갖고 있다.

당사자와 사회 피해 없다

인간복제에 찬성하는 과학자들은 대부분의 사람들이 반대하는 이유는 복제인간이 태어나면 하늘이 무너지는 것처럼 큰일이 발생할 줄 잘못알고 있기 때문이라고 얘기한다. 그들은 이런 생각은 기우에 불과하며, 실제 인간복제가 이뤄져도 태어난 아이에게는 물론 사회 전체에 별다른 해악을 끼치지 않는다고 주장한다.

찬성하는 과학자들은 인간복제를 통해 태어난 아이는 보통 아이들과 아무런 차이 없이 건강하게 자랄 수 있을 것으로 예상한다. 수정시키는 방법이 약간 생소하다는 점만 제외하면 복제인간은 우리와 똑같은 온전한 인간이기 때문에 보통 인간과 다르다고 차별하거나 불행해질 것이라고 생각할 어떠한 타당한 이유도 존재하지 않는다는 얘기다.

찬성측은 자식이 부모를 닮는 것은 당연한 일이기 때문에 복제된 아이가 외형적으로 좀 많이 닮았다고 해서 특별한 문제가 발생하지는 않을 것이라고 주장한다. 굳이 알려주지 않는다면 자신보다 수십 년 나이가 든 유전적 쌍둥이만 보고서는 자신이 복제를 통해 태어났다는 사실조차 깨닫기 힘들 것이라고 예상한다.

찬성측은 '복제 아이는 원본인 인간의 존재로 인해 생겨나는 특별한 기대 때문에 심리적으로 해악을 당할 가능성이 높으므로 도덕적으로 문제가 있다'는 의견에 대해서는 아무런 근거가 없다고 주장한다. 그들은 원본인 인간이 존재한다고 해서 부모가 특별한 기대를 갖거나 비교할 것이라는 얘기는 부모 입장에서 지나치게 나쁜 동기를 가정하고 있다고 말한다. 복제 자체가 나쁜 동기와는 관련이 없다는 입장이다.

또 인간복제가 아이의 열린 미래를 제한하는 것은 아니냐는 의견에 대해서는 복제로 태어난 아이는 원본의 삶과 아무런 관계가 없으므로 설득력이 없다고 얘기한다. 찬성측은 그

증거로 유전정보가 똑같은 일란성 쌍둥이들은 모두 다른 인생을 살고 있고, 유전정보가 똑같고 동일한 환경에서 자란 샴쌍둥이(몸이 붙어있는 쌍둥이)조차도 서로 다른 인격을 갖고 각자의 삶을 산다고 말한다. 따라서 위와 같은 반대 의견은 모든 것을 유전자로만 보려는 '유전자 환원주위'가 불러낸 기우에 불과하다는 주장이다.

찬성하는 과학자들은 인간복제가 사회 전체에 해악을 미치리라는 생각에 대해서도 인간복제에 대한 걱정을 너무 지나치게 하면서 만들어진 환상에 불과하다고 주장한다. 그들은 일단 막대한 비용이 드는 인간복제가 사회 전체적으로 봤을 때 극소수만 관련되는 사안이라고 단정한다. 인간복제는 결코 보편적인 생식 방법이 될 수 없기 때문에 사회 전체에 미치는 파장 역시 거의 없다는 의미다.

찬성론자들은 인간복제를 통해 아이가 한둘 태어나다 보면 의외로 빨리 복제인간에 대한 일반인들의 호기심이나 편견은 사라질 것이라고 얘기한다. 우리 사회에서 정말 필요한 사람들의 행복을 증진시키기 위해 사용되는 생식 보조 방법으로서 인간복제가 쉽게 자리 잡을 수 있다는 생각이다.

찬성측은 또한, 인간복제가 가족 관계에 혼란을 야기할 것이라는 의견에 대해서도 근거가 없다고 밝힌다. 불임 부부 등 부모가 될 사람들이 복제한 아이를 자녀로 양육할 것을 약속한 상태에서 복제 아이를 태어나게 한다면, 아무런 문제가 야기되지 않는다는 설명이다. 아내를 복제한 딸을 둔 남편이 딸에게 성적인 감정을 가질 수 있다는 우려는 일란성 쌍둥이와 결혼한 남편들이 다른 쌍둥이에게 그렇지 않다는 점에서 설득력이 전혀 없다고 얘기한다.

찬성하는 과학자들이 말하는 인간복제가 야기할 수 있는 사회 문제는 필요한 모든 사람들이 선택할 수 없다는 것 정도다. 인간복제에는 비용이 많이 들기 때문에 일부에게만 그 혜택이 돌아가는 의료 불평등 문제가 발생할 수 있다는 의견이다. 그러나 이 경우에도 문제의 본질은 빈부격차이지 인간복제는 아니라고 주장한다.

금지하면 부작용 많다

그러나 인간복제가 안전한 수준에 도달하면 가능하다는 찬성론자들의 기본적인 가정이 실현가능성이 전혀 없다는 반론 역시 제기되고 있다. 인간을 복제하는 과학기술 자체가 아무리 발전한다고 하더라도 태어나는 아이에게 해악을 끼칠 가능성이 높아 인간에게 적용하기에는 너무나 위험한 기술이라는 지적이다.

이와 같은 반론에 대해 인간복제를 찬성하는 과학자들은 아이를 가지려면 어느 정도 위험은 감수해야 한다고 주장한다. 인간의 삶에서 위험으로부터 자유로운 것은 아무것도 없으며, 아이를 갖는 일도 마찬가지라는 입장이다. 그들은 남녀 간의 통상적인 성행위를 통한 생식도 언제나 건강한 아이를 보장하지 못한다고 얘기한다.

찬성론자들은 일반적인 출산에서도 아기에게 기형이 나타날 위험이 있지만, 그렇다고 해서 아이를 낳지 말아야 한다는 주장으로까지 이어지지는 않는다고 말한다. 부모 중 한 명이 심각한 유전질환을 갖고 있어서 태어나는 자녀에게 위험이 반드시 전해지는 경우라고 하더라도 이 부부가 아이를 가지는 일을 막을 권리는 그 누구에게도 없다는 설명이다.

찬성론자들은 아이가 건강하게 태어나지 않았다고 하더라도 부모는 그 아이를 책임질 의무를 갖고 있으며, 이와 같은 위험을 감수하는 것도 부모가 되는 과정의 일부분으로 봐야한다고 주장한다. 인간복제 과정 중 나타날 위험도 같은 맥락으로 이해해야 한다는 입장이다.

인간복제 과정에서 인간 배아가 많이 필요하다는 문제점에 대해서는 찬성론자들은 배아를 생명체로 볼 수 없기 때문에 용인될 수 있는 일이라고 주장한다. 그들은 정상적인 임신의 경우에도 인간 배아의 40% 가량이 임신 과정 중 착상에 이르지 못하고 없어진다는 점을 논리적인 근거로 내세운다. 아이를 갖으려는 선한 동기를 실현하는 과정에서 배아를 잃는 부작용이 발생하는 것은 어쩔 수 없다는 주장이다.

인간복제에 찬성하는 과학자들은 과학기술의 결과는 항상 위험을 부풀리는 경향을 보이고 있다고 주장한다. 그들은 어느 정도의 위험을 감수하지 않았다면 인류는 결코 달에 우주인을 보낼 수 없었을 것이라고 얘기한다. 위험을 피하기만 했다면 어떤 진보나 발전도 거둘 수 없었을 것이라는 의견이다.

찬성론자들은 특히 인간에게 적용할 새로운 생식 방법이 개발될 때마다 항상 지나칠 정도로 거센 반대가 있어왔음을 문제로 지적한다. 그들은 현재 통용되는 시험관 아기 기술의 경우에도 첫 시술이 이뤄졌을 때 아기가 잘못될 가능성이 크다며 온갖 비난이 제기됐지만, 이 기술로 태어난 아이들은 모두 아무런 문제없이 건강하게 자라고 있다고 밝힌다.

찬성하는 과학자들은 인간복제를 완전히 금지하면 비밀리에 연구가 이뤄지면서 오히려 문제가 더 심각해질 것이라고 얘기한다. 엄격한 기준에 따라 공인된 기관에서 연구해야 부작용을 최소한으로 줄일 수 있다는 주장이다.

찬성론자들은 인간복제에 반대하는 사람들에게 세상에 쌍둥이가 늘어나는 일이 그렇게 심각한 문제냐고 질문을 던진다. 옆 집 사람이 쌍둥이를 낳은 것을 축하해줄 수 있다면 인간복제에 의해 태어난 쌍둥이도 당연히 축하해줘야 한다는 주장이다.

인간복제 왜 안 되나?

인간복제를 반대하는 사람들의 이유는 한두 가지가 아니다. 과학기술적으로 문제를 지적하는 사람도 있고, 윤리적으로 잘못됐기 때문이라고 얘기하는 이도 있으며, 종교적 신념에 위배되기 때문이라고 말하는 사람도 있다. 특별한 이유는 없지만 본능적으로 혐오하기 때문이라는 사람까지 있다.

대부분의 과학자들은 체세포 복제는 어디까지나 동물에게 적용할 가축의 번식 기술이지 어떤 이유에서라도 인간을 대상으로 적용해서는 안 된다고 얘기한다. 인간복제는 과학기술적으로 문제가 있고, 태어나는 아이에게는 심리적 해악을, 사회에는 혼란을 야기하는 행동이기 때문에 절대 허용해서는 안 된다는 입장이다.

반대하는 과학자들은 인간복제를 불임부부를 대상으로는 허용돼야 한다는 일부 찬성측 주장에 대해서는 사람들의 감정적인 측면에 호소함으로서 혼란을 일으키려는 행동에 불과하다고 얘기한다. 아무리 그럴싸하게 치장한다 하더라도 근본적으로 갖고 있는 문제 때문에 인간복제는 결코 정당화될 수 없다는 설명이다.

인간에겐 위험한 기술

복제 동물의 줄지은 탄생에도 불구하고 현실 속의 생명 복제기술은 그리 감동적이지 못하다. 복제는 성공률이 낮고, 유산 가능성이 상당히 높으며, 잘못된 개체가 태어날 확률이 상당히 높은 기술이기 때문이다.

인간복제를 반대하는 과학기술적인 이유는 생명 복제의 성공률이 아무리 개선된다고 하더라도 이처럼 불안정한 기술을 인간을 대상으로 사용해서는 절대 안 된다는 것이다. 복제된 아이의 정상 여부는 태어난 이후에 확인할 수 있기 때문에 이와 같은 위험을 미연에 방지하는 것은 절대 불가능하다.

인간복제를 통해 만들어진 수정란은 여성의 자궁 내에서 자라다가 유산되거나 출산 중 사망할 가능성이 높다. 자신의 아이를 유산하는 산모는 육체적으로 피해를 입을 뿐만 아니라, 정신적으로도 상처를 입는다.

유산되지 않고 무사히 태어난다고 하더라도 복제된 개체는 심각한 위험에 직면한다. 급성 설사 등의 증상을 보이며 수일 내에 사망하는 급사증후군, 정상 체중의 2배 이상으로 몸무게가 불어났다가 얼마 살지 못하는 거대체중증후군 등이 나타날 수 있다. 팔다리, 간, 심장, 폐, 생식기 등에 기형이 나타날 가능성도 높다.

외형적으로 완전히 정상으로 보이는 복제인간이라 할지라도 전혀 예상치 못한 문제가 발생할 수 있다. 예를 들어 복제된 개체는 텔로미어의 길이 때문에 생체 나이에 문제가 있다는 논란이 일어난 적이 있다.

텔로미어는 노화와 강력한 상관관계가 있다고 믿어지는 염색체의 끝부분을 말한다. 체세포가 분열하면 텔로미어의 길이가 점점 줄어드는데, 텔로미어의 길이가 아주 짧아지면 세포는 더 이상 분열하지 못하고 죽게 된다. 그런데 나이가 든 개체를 복제하면 원본의 텔로미어 길이가 짧기 때문에 이를 복제한 클론도 비정상적으로 짧다는 주장이 제기됐다.

복제 양 돌리의 경우 텔로미어 길이가 짧았지만 이후 복제된 동물에서는 정상적인 수준이거나 오히려 긴 경우도 발견됐다. 이 때문에 현재 대부분의 동물 복제 학자들은 복제 원본의 체세포 핵의 상태를 제대로 조절하면 텔로미어 길이를 정상으로 만들 수 있다고 생각하고 있다. 텔로미어를 둘러싼 논란은 일단락되어가는 상황이지만, 생명 복제는 이처럼 인간의 예상을 뛰어넘는 문제를 갖고 있을 수 있다.

인간복제에 반대하는 과학자들은 과학기술적으로 어느 정

도 안전성이 입증되면 인간에게 적용해도 된다는 찬성측의 주장은 끔찍한 발상이라고 얘기한다. 하나의 새로운 종에서 복제된 개체를 태어나게 하는 데는 다른 종에서 적용한 기술을 그대로 사용할 수 없다. 복제인간을 탄생시키기 위해서는 수많은 시행착오가 필요한데, 인간을 대상으로 이런 실험을 하면 수많은 실패한 복제 아이가 양산될 수밖에 없다는 설명이다.

복제 양 돌리를 탄생시킨 영국 로슬린 연구소의 그레이엄 불필드 소장은 "복제아기 한 명을 태어나게 하는 데 400개 이상의 난자와 50명 이상의 대리모가 필요하다"고 예측을 내놓은 적이 있다. 물론 생명 복제 기술의 발달에 따라 이 숫자는 줄어들 수 있다. 그러나 복제인간을 태어나게 하는 데 난자를 제공하고 대리모 역할을 할 상당한 수의 여성들의 희생 없이는 불가능하다는 사실은 결코 변하지 않는다.

원본이 드리우는 먹구름

복제가 처음 등장했을 때 복제(Clonning)라는 단어를 옷(Clothing)과 혼동하는 사람들이 있었다. 유전정보가 똑같은 개체를 만든다는 개념 자체가 획일적인 교복을 입히는 것과 비슷하다고 생각했기 때문이다. 사실 인간복제를 통해 태어난 사람은 마치 자기에게 교복을 입힌 존재와 같이 매우 특수한 이해관계에 놓인 사람을 갖게 된다.

인간복제를 반대하는 윤리적인 이유는 복제기술의 결과로

태어난 아이는 존엄성을 간직한 하나의 독립된 인간으로 취급되지 못할 가능성이 크기 때문이다. 복제인간은 불임 부부가 됐든 동성애자가 됐든 다른 사람의 특정한 요구에 의해 태어나게 된다. 이 때문에 많은 사람들이 복제인간은 '고귀한 생명체로 태어나는 것'이 아니라 '단지 만들어지는 것'이라는 생각을 갖기 쉽다.

복제로 태어난 아이에게 원본이라는 인간의 존재는 항상 먹구름을 드리운다. 부모가 꼭 그러지 않다고 하더라도 복제된 아이 스스로가 항상 원본과 자신을 비교하게 될 것이기 때문이다. 자신과 쌍둥이인 원본을 갖는다는 것은 아이에게 엄청난 심적 부담을 주며 심리적으로 해악을 미칠 수밖에 없다.

대부분의 사람들은 복제된 아이의 성과를 별개로 보지 않고 원본과 함께 놓고 볼 가능성이 크다. 복제로 태어난 아이가 밤을 새가면서 열심히 공부해 반에서 1등을 했다고 가정해보자. 뛰어난 원본이 존재하면 복제인간이 거둔 성과는 그의 노력 때문이 아니라 유전자의 덕 때문이라고 폄하될 수밖에 없다. 즉, 독립적인 별개의 존재로 여겨지지 않는 것이다.

인간복제를 반대하는 또 다른 이유는 복제인간의 문제는 개인에 머물지 않고 사회질서 전반에 혼란을 야기할 수 있기 때문이다. 문제는 사회를 구성하는 기본 단위인 가정에서부터 시작된다.

복제인간의 탄생 과정에는 여러 명이 관여한다. 체세포를 제공한 사람과 난자를 제공한 여성, 자궁을 제공한 대리모와 복제인간을 부탁한 의뢰인이 있다. 이 가운데서 과연 누구를 복제된 아이의 부모로 인정해야 할까? 체세포 제공자와 복제 의뢰인이 동일하며 자신의 아이를 얻기 위해 복제한 경우라고 하더라도 수유가 가능하고 생리적으로 아이와 더 밀접한 대리 모가 아이의 친권을 주장한다면 어떻게 해야 할까?

복제인간의 가족 관계를 결정하는 일이 중요한 까닭은 상속이라는 아이의 권리와 직접 관련되기 때문이다. 예를 들어 체세포 제공자인 남편이 사망했을 때 부인이 복제된 아이를 자기 자식임을 거부할 수도 있다. 우리나라에서는 다른 사람의 정자를 사용한 인공수정으로 아이를 갖도록 한 아버지와 태어난 자식 간에 친생관계가 인정되지 않은 법원의 결정이 있었다. 이런 판례에 따르면 복제인간과 부인 사이의 친자관계는 인정되기 어렵다.

또 인간복제는 배우자가 없어도 아이를 가질 수 있다는 발상을 현실화시킨다. 예를 들어 독신 여성이 자신의 난자에 자신의 체세포 핵을 집어넣어 임신하면 복제인간은 오직 한 사람만을 부모로 갖는다. 태어난 아이는 불행하게도 고의적으로 만들어진 편부모 가정에서 자라야 한다.

한편에서는 본인도 모르게 복제된 아이가 태어나는 등 사회에서 악용될 소지가 크다. 찬성측에서는 체세포 제공자의 동의를 얻으면 된다고 주장하고 있는데, 이는 복제 자체가 상당히 위험하다는 기술임을 스스로 인정하고 있는 셈이다.

실제로 인간복제가 가능해지면 우리 주변의 평범한 사람보다 운동선수나 연예인, 정치인, 과학자를 복제하려는 수요가 커질 것이다. 인간복제 원본이 될 사람이 반대한다고 하더라도 그를 노리는 사람으로부터 자신의 세포를 보호하기는 완전히 불가능하다.

또 인간을 복제하기 위해 상당한 수의 난자와 대리모를 필요로 하는데, 이를 제공하는 여성들은 대가로 돈을 받게 된다. 낮은 성공률을 조금이라도 높이기 위해 복제하는 사람은 우수한 난자와 여성을 원하게 될 가능성이 크다. 이렇게 되면 난자와 대리모에 등급이 매겨지면서 여성들이 상품으로 전락하는 심각한 사회 문제도 함께 발생하는 것이다.

"인간본능으로 판단하라"

인간복제 찬성론자들은 불임 부부에게 체세포 복제를 하는 것은 시험관 아기 시술을 하는 것과 별다른 차이가 없다며 똑같이 허용해줘야 한다고 주장하고 있다. 그러나 이것은 가까스로 사회에서 용인하게 된 사안에 적용된 원칙을 더 인공적이고 위험한 사안에도 적용해 달라고 주장하는 경우로 명백한 논리적 오류를 범하고 있는 것이다.

인간복제는 시험관 아기처럼 생식에서의 차이를 갖는 게 아니라 종류의 차이를 의미한다. 즉, 인간복제는 남성과 여성이 필요한 유성생식이 아니라 어느 한쪽의 성만 있어도 가능한 무성생식이다. 지구상에서 무성생식을 하는 생명체는 박테리아, 곰팡이 등 빠른 속도로 번식하는 간단한 생명체들뿐이다. 인간복제는 지금까지 인류가 지켜온 생식 방법과 전혀 다른 완전히 새로운 종류의 생식이기 때문에 시험관 아기와 같은 대우를 받을 수 없다.

또 인간복제는 우생학(優生學, Eugenics)의 망령을 깨울 위험도 크다. 우생학은 영국의 생물학자인 프랜시스 골턴이 1883년 창시한 학문으로, 인류의 밝은 미래를 위해 유전적으로 인간을 개량해야 한다는 주장을 담고 있다. 우수한 특성을 가진 인간을 늘리고 반대로 뒤떨어지는 인간은 줄여야 한다는 것이다.

우생학은 독일 나치정권이 유대인을 대량으로 학살할 때 그 이론적인 근거로 내세우면서 악명을 높이게 됐다. 과거 몇몇 나라에서는 우생학을 바탕으로 유전질환이나 정신질환을 갖고 있는 사람들은 아이를 가져서는 안 된다는 법률이 제정돼 사회적인 논란을 불러일으킨 적이 있다.

인간복제가 허용되면 우생학적인 목적에 의해서 좀더 뛰어난 유전정보를 가진 인간을 복제하려는 수요가 커지면서 남용될 위험이 크다. 또 유전질환을 갖고 있는 사람은 인간복제를 하는 것이 바람직하다고 강요받을 가능성도 있다.

한편 인간복제에 대해 대부분의 사람들이 본능적으로 느끼는 감정들, 예를 들어 불쾌하다, 기괴하다, 싫다, 역겹다 등의 반응도 중요하다는 의견이 제기되고 있다. 미국 시카고대학교의 레온 카스 교수는 인간복제에 대해 사람들이 혐오감을 느낀다는 것 자체가 복제를 해서는 안 된다는 사실을 보여준다고 주장한다.

그는 혐오감은 심오한 지혜의 감정적 표현으로, 이성의 힘이 완전히 파악할 수 있는 영역을 넘어선다고 말한다. 예를 들어 비록 합의가 이뤄졌다고 하더라도 근친상간이나 동물과의 성관계, 시신 절단, 인육을 먹는 일 등 사람들이 혐오하는 일들은 마땅히 해서는 안 되는 일이란 관점이다.

카스 교수는 혐오감은 인간이라는 종족을 보호하기 위해 만들어진 본능적인 감각이라고 주장한다. 충분히 논리적으로 설명하기 어렵다고 하더라도 인간이 정당하고 친근한 것으로 생각하는 것들에 위배되는 일은 잘못된 것이라는 생각이다. 그러므로 그는 인간복제도 혐오감의 범주에 속하는 일이기 때문에 사람들이 반감을 느끼는 것이며 이를 존중해 금지시켜야 바람직하다고 주장한다.

생명윤리안전법의 제정

인간복제 논란 때문에 어두운 그림자가 드리워지면서 선의의 과학자들이 피해를 보는 것도 문제점으로 지적되고 있다. 동물 복제에 관한 연구는 인류의 식량과 질병 문제를 해결하는데 기여할 것으로 기대를 모으고 있다. 인간 배아복제의 경우는 논란이 있지만 역시 인류의 질병 문제에 기여할 수 있다. 그런데 인간복제 논란이 일면서 사람들이 선의로 진행되는 연구들까지 색안경을 끼고 바라보게 돼 유용한 연구가 침체될 수도 있다는 우려다.

현재 미국과 유럽을 비롯한 선진국들은 인간복제를 생명윤리안전법과 같은 법률로 정해 완전히 금지하고 있다. 법률로 금지해 놓은 까닭은 인간복제를 추진하는 과학자에게 가장 효율적으로 압력을 가하면서 선의로 진행되는 연구에 대해서는 피해가 미치지 않도록 하기 위해서다.

인간 배아복제의 경우에는 몇몇 나라들이 치료를 목적으로 할 때로 한정해서 연구를 허용하고 있다. 인간 배아 연구의 경우에는 대부분의 국가에서 불임치료 등을 목적으로 할 때에 한정해서 냉동 잉여 배아를 대상으로 하는 연구를 허용하고 있다.

미국에서는 「인간복제 금지법의 보조 생식기술에 관한 법률」에 따라 냉동 인간 배아에서 추출한 줄기세포에 대한 연구만 허용하고 있다. 그러나 정부에서 지원하는 연구는 엄격히 규제하는 반면 민간 연구는 그렇지 않다. 10개 주에서만 규정

대부분의 국가에서 허용하는
냉동 인간 배아.

하는 법률을 갖고 있고, 40개 주에서는 FDA의 규제만 따르고 있는 상황이다.

복제 양 돌리를 탄생시킨 나라 영국에서는 「인간 수정 및 발생에 관한 법률」을 통해, 수정 후 14일까지 경과한 인간 배아에 대한 연구만을 허용하고 있다. 영국은 2001년에 상원이 인간 배아복제 허용법안을 통과시켜 세계 최초로 인간 배아복제를 허용하게 된 국가이기도 하다. 그러나 다른 종끼리의 핵 이식을 통해 배아를 만드는 일은 금지돼 있으며 배아를 여성 자궁에 이식하는 것도 처벌 대상이다.

프랑스는 「인체 존중에 관한 법률」을 통해 7일 이상 분화시키지 않는 한도 내에서 냉동 인간 배아에 대한 연구를 허용한다. 독일에서는 「인간 배아보호법」에 따라 배아 연구 자체가 완전히 금지되어, 불임 부부를 대상으로 하는 체외수정법에 사용할 목적 이외에는 배아를 체외에서 배양할 수조차 없다.

일본은 「인간에 관한 복제 기술 등의 규제에 관한 법률」에 따라 냉동 인간 배아 연구만 허용하다가 2004년 6월에 인간 배아복제를 허용하는 법률안을 통과시켰다. 단, 임상이 아닌 연구 목적이어야 하며 배아를 인간이나 동물에 이식해서는 안 된다고 규정하고 있다.

우리나라에서는 인간 배아복제 허용 여부를 놓고 오랫동안 논란이 계속되다가 2003년 12월 「생명윤리안전법」이 제정됐다. 치료 목적 하에서 인간의 냉동 잉여 배아에 대한 연구를 허용하고 있으며, 연구 목적일 경우 국가생명윤리심의위원회의 심의를 거치면 인간 배아복제도 가능하다.

　세계 각국에서 법률로 인간복제를 완전히 금지해 놓고 있지만 법률이 제정돼 있지 않는 나라에서 복제인간이 탄생할 수도 있다. 이 때문에 인간복제를 금지하는 국제 협약을 만들려는 노력도 진행되고 있다.

불임과 인간복제

결혼한 부부가 자식을 갖는 것은 지극히 자연스러운 일이다. 그러나 10쌍 중 1쌍의 부부는 아기를 아무리 노력해도 아기를 가질 수 없다. 바로 불임 때문이다. 흔히 사랑의 결실이라 표현되는 아이를 갖지 못하는 불임부부의 고통은 이만저만 큰 게 아니다.

이탈리아의 생식의학 전문의인 세베리노 안티노리 박사를 비롯해 최근 인간복제를 추진하는 몇몇 과학자들은 자신의 연구가 불임 부부를 위해 필요한 것이라고 공공연히 말하고 있다. 인간복제가 불임 부부에게 아이를 선사하는 하나의 방법이 되는 것은 분명한 사실이다. 불임 부부가 겪는 고통의 실상을 알고 나면 인간복제를 완전히 금지하는 것이 옳은 일인지

판단을 내리기 쉽지 않다.

시험관 아기 성공률 높인다

의학적으로 불임이란 피임을 하지 않는 부부가 정상적인 부부 생활을 해도 1년 이상 임신이 되지 않은 경우를 말한다. 여성에게 문제가 있기 때문이라고 생각하는 경우가 많지만, 실제 책임은 남녀가 거의 비슷한 비율이다.

아기로 자라는 수정란은 생식세포인 남성의 정자와 여성의 난자가 만나서 만들어진다. 그런데 정자나 난자가 제대로 만들어지지 않거나, 이들의 만남이 제대로 이뤄지지 않는 등의 일이 벌어지면 불임이 된다.

오랜 역사 동안 불임은 인류가 해결할 수 없는 숙제가 됐다. 그런데 1978년 7월 25일 불임 부부에게는 기적과도 같은 일이 벌어졌다.

영국 번홀 병원의 패트릭 스텝토 박사와 로버트 에드워스 박사가 정자와 난자를 시험관 안에서 만나게 해 만든 수정란을 여성의 자궁에 넣어 임신시키는 데 성공했던 것이다. 흔히 시험관 아기로 불리는 '체외수정법(IVF, In Vitro Fertilization)'의 등장이었다.

시험관 아기는 난자가 정자를 만나기 위해 거쳐야 하는 통로인 난관이 막힌 경우에 유용하게 적용할 수 있다. 초기에는 인공적으로 만들어지는 생명이라는 등 논란이 있었지만, 현재

시험관 아기의 개척자
패트릭 스텝토 박사와
로버트 에드워스 박사.

에는 이 방법에 의해 태어난 아기가 수십만 명에 이를 정도로 가장 중요한 불임 치료법이 되고 있다. 최초의 시험관 아기로 태어났던 루이스 브라운도 건강하게 자라 2002년에는 쌍둥이를 출산기도 했다.

그러나 시술을 하거나 받는 것이 까다롭다는 것과 많은 비용이 든다는 것 등은 체외수정법의 단점이다. 때문에 최근 생식의학계에서 진행되는 연구들의 초점은 시험관 아기의 임신 성공률을 현재의 30% 내외에서 끌어올리는 데 맞춰져 있는데, 시험관 아기의 성공률을 높이는 방법으로 전문가들이 주목하는 것은 바로 배지다.

배지란 배양액이라고도 부르는데, 세포가 자라는 데 사용되는 용액이다. 몸 밖으로 꺼내진 정자와 난자가 수정란이 돼서 다시 자궁으로 갈 때까지는 여러 종류의 배지가 필요하다. 정자와 난자에 사용되는 배지가 각각 있고, 이들을 수정시킬 때 사용되는 배지가 따로 있으며 수정란이 된 후에도 단계에 따라 다른 배지를 사용해야 한다. 이처럼 다양한 배지가 사용되는 것은 임신이 될 때 변하는 생체 내의 조건과 똑같은 환경을 만들어 주기 위해서다.

연구 결과, 적절한 배지를 사용하면 수정란에서 장차 아기로 자랄 부분인 내부세포덩어리의 부피가 커진다는 사실이 밝혀졌다. 이는 수정란이 훨씬 건강하다는 신호와 같다. 배지 기술의 발전하면서 예전에는 수정란을 2~3일 키워 자궁에 넣었는데, 요즘에는 4~5일까지 늘어났다. 즉, 시기가 길어진 만큼 수정란을 더 건강하게 키워 집어넣기 때문에 당연히 성공률이 높아지는 것이다.

한편 수정란을 체외에서 더 오래 키우면서 불임부부가 원하는 수의 자녀를 갖는 일이 가능해지고 있다. 초기에는 임신 성공률을 높이기 위해 여러 개의 수정란을 집어넣었기 때문에 시험관 아기 시술을 받은 후 여러 명의 쌍둥이가 태어나는 경우가 많았다. 그러나 수정란을 건강하게 오래 키울 경우에는 하나를 원하면 하나를, 쌍둥이를 원하면 둘을 넣으면 된다.

체외에서 키워지는 생식세포

그러나 시험관 아기로 모든 불임 문제가 해결되는 것은 아니다. 정자나 난자에 문제가 있는 불임 부부의 경우에는 다른 남성의 정자나 다른 여성의 난자를 사용할 수밖에 없는데, 이렇게 태어난 아기와 유전적으로 관련이 없는 부모는 아이를 자신의 자식이라 생각하기 어려울 수 있다. 이 때문에 이러한 것은 반쪽짜리 불임 극복 방법이라는 얘기까지 나오고 있다.

이런 문제를 해결하기 위해 좀더 전문적인 방법이 등장하고 있다. 정자의 수가 아주 적거나 운동성이 떨어져 불임일 경우에는 정자를 직접 난자 안에 넣어주는 '세포질내 정자 주입술(ICSI, IntraCytoplasmic Sperm Injection)'을 사용한다. 효소를 이용해 난자를 둘러싸고 있는 물질을 제거하고 미세 유리관을 통해 정자를 난자의 세포질 안으로 직접 주입하는 것이다. 아직 임신 성공률이 그리 높지 않다는 단점이 있지만 점점 개선될 것이라는 전망이다.

그런데 이렇게라도 사용할 수 있는 정자가 아예 없을 수도 있다. 실제로 불임의 원인이 남성에게 있는 경우 중 약 30% 정도가 무정자증이다. 이런 난감한 상황에 처해있는 경우를 위해 정자의 근원인 정원세포나 정모세포를 추출해 정자로 키우는 방법이 연구되고 있다.

1999년 안티노리 박사는 무정자증 남성의 정원세포를 추출해 쥐의 정소세포조직에서 키운 뒤 체외수정으로 여성에게 임신시켜 출산을 성공시켰다. 그러나 이 연구는 쥐의 정소를 이용했다는 점 때문에 '쥐 인간'이라는 사회적 논란을 일으켰다. 이런 논란 없이 정자를 분화시키는 일이 중요한 관건이다.

난자를 만드는 과정에 문제가 있는 여성을 위해서는 '미성숙 난자의 체외수정법(IVM-IVF, In Vitro Maturation In Vitro Fertilization)'이 현재 사용되고 있다. 여성은 태어날 때부터 난소에 미성숙 난자를 보관하고 있다가 생리가 시작되면 이에 맞춰 한 달에 하나씩 내보낸다. 미성숙 난자의 체외수정법은 난소의 미성숙 난자를 채취해 체외에서 성숙시켜 시험관 아기에 이용하는 것이다. 이 방법은 이론적으로는 폐경기 여성이라도 난소에 미성숙 난자가 남아있기 때문에 임신시키는 것을 가능하게 한다.

미성숙 난자를 보관하는 방법도 개발되고 있다. 예를 들어 사춘기 여성이 암 치료를 받는 경우를 생각해보자. 암세포를 죽이는 데 사용되는 항암제 때문에 난소 내의 미성숙 난자는 모두 죽게 된다. 이런 경우에는 미리 미성숙 난자를 채취해 보관하고 있다가 결혼 후 이를 성숙시켜 사용한다는 복안이다.

인공적으로 만든다

2001년 7월 2일 미국 코넬대의 잔피에로 팔레르모 교수는 유럽 인간생식태생학회에서 인간의 난자를 체세포로 만드는 새로운 방법을 개발했다고 발표했다. 이보다 한 달 늦은 8월 7일에는 우리나라 마이아 생명공학연구소의 박세필 소장이 소를 대상으로 똑같이 새로운 난자 제조기술을 개발했다고 밝혔다.

'인공 난자(artificial eggs)'로 불리는 이 기술은 현재 인간의 불임부부 치료에는 사용되고 있지 않지만, 미성숙 난자조차 없는 여성이 임신할 수 있는 획기적인 가능성으로 여겨지고 있다. 인간 체세포의 염색체는 부모로부터 하나씩 받아 2세트 (2n)인 체세포의 염색체와 달리, 생식세포인 난자의 염색체는 1세트(1n)라는 점이 난자를 만들 때의 가장 큰 문제점이다. 즉, 1세트짜리 염색체를 가진 난자를 어떻게 만들어낼 것이냐가 관건이 된다는 것이다. 난자의 염색체가 1n이어야, 1n인 정자와 만나 아이는 2n이 될 수 있기 때문이다.

인공 난자는 불임 여성의 체세포를 핵을 제거한 다른 여성의 난자에 집어넣는 데서 시작된다. 그리고 전기 충격을 가해 1세트의 염색체를 방출시킨다. 다음은 난자가 되도록 활성을 유도하는 단계를 거친다. 팔레르모 교수가 만든 인공 난자는 정자와 만나 수정란이 된 후 한 차례 분열하는 데 그쳤다. 그러나 박 소장은 실험 결과 난자가 수정란이 된 후 체외수정이 가능한 배반포기 단계까지 분화하는 데 성공했다.

최근에는 줄기세포가 정자나 난자가 없어 불임인 부부에게 유력한 해결책으로 떠오르고 있다. 2003년 미국 펜실베이니아 대학교 한스 쉘러 박사팀은 쥐의 배아에서 추출한 줄기세포를 난자로 분화시키는 데 성공해 『사이언스』 5월 23일자에 발표했다. 연구팀은 쥐의 초기 배아에서 줄기세포를 추출한 후 시험관에서 배양조건을 조절해 난자로 성장하도록 유도했다.

쉘러 박사의 연구는 줄기세포로 생식세포를 만들 수 있다는 사실을 처음 보여준 초기의 연구다. 그러나 과학자들은 줄기세포는 인체의 모든 세포로 분화할 수 있는 만능세포이기 때문에 정자나 난자로 분화시키는 방법도 결국 밝혀낼 수 있을 것으로 생각하고 있다. 배아 대신 성체에서 얻은 줄기세포를 이용해도 똑같은 결과를 얻을 수 있으리라는 전망이다.

만약 정자와 난자를 만드는 방법이 등장하면, 불임부부를 위한다는 인간복제는 완전히 존재 이유를 상실하게 된다. 인간복제는 체세포와 난자를 이용해 수정란을 만든다. 반면 생식세포를 만드는 기술로는 자연적인 임신과 마찬가지로 정자와 난자를 만나게 해 수정란을 만들 수 있다. 그러나 인공적으로 생식세포를 만드는 기술이 시험관 아기처럼 용인될 수 있을지에 대해서는 회의적인 시각도 많다.

맞춤아기의 등장

불임 치료에서 최근 가장 주목받는 방법은 '착상전 유전자 진단법(PGD, Preimplantation Genetic Diagnosis)'이다. 흔히 맞춤아기라 부르는데, 이 이름 때문에 이 방법을 유전자에 손을 대서 아기의 능력을 조절하는 시도로 오해하는 경우가 있다. 그러나 전 세계적으로 생식의학자들이 사용하는 맞춤아기 개념은 검사를 통해 질병이 없는 건강한 수정란일 경우에만 시험관 아기 시술에 사용한다는 의미다.

이 방법이 나오기 전까지 유전질환을 앓고 있는 부부는 임신 중의 양수 검사를 통해서만 질병의 유무를 확인할 수 있었다. 만약 질환을 물려받았다고 판명되면 생명을 빼앗는 임신중절수술을 선택할 것인지를 놓고 고민해야만 했다.

하지만 착상전 유전자 진단법은 정자와 난자를 채취해 체외수정으로 일단 수정란을 만든다. 그리고 이 수정란이 4세포 내지 8세포로 분화했을 때 세포 하나를 미세조작기로 떼어내 유전자검사를 해 질병 유무를 판별하는 것이다. 현재 우리나라와 미국 등 여러 국가에서 사용되고 있는 방법이다.

착상전 유전자 진단법을 사용하더라도 질환을 피할 수 없는 경우가 있다. 예를 들어 여성의 난자에 들어있는 미토콘드리아 유전자의 이상 때문에 발생하는 선천적 시신경 안구질환(LHON)이란 질병이 있다. 태어나는 아기는 성인이 되면 앞을 보지 못하게 된다. 이 문제의 해결책은 난자의 세포질을 다른 여성의 세포질로 바꿔주는 것이다.

비슷하게 고령 여성의 경우는 세포질의 질이 떨어져 임신이 잘 되지 않는다. 이 경우 젊은 여성의 세포질을 불임여성 난자의 세포질에 넣어주면 임신이 된다. 이처럼 세포질을 넣는 방법을 '세포질 주입술'이라 부르는데, 이 방법은 커다란 논란을 불러일으키기도 했다. 불임 부부와 세포질을 제공한 여성 등 3명의 유전자가 섞인다는 것이다. 불임 치료는 인간을 대상으로 하기 때문에 그만큼 신중하게 사용돼야 함을 알 수 있는 대목이다.

불임 부부의 고통을 해결하려는 생식의학 연구는 현재에도 끊임없이 진행되고 있다. 불임을 치료하는 기술의 발전을 고려하면 인간복제가 아니더라도 불임문제를 해결할 수 있는 다양한 방법이 개발될 것으로 예상된다.

복제인간 탄생 그후

인간복제를 반대하는 목소리가 전 세계에서 울려 퍼지고 있다. 그러나 이런 움직임을 통해 인간복제를 막을 수 있으리라는 예상은 너무 순진한 것으로 보인다. 인류의 역사를 되돌아봤을 때 인간이 손을 뻗으면 도달할 수 있는 금단의 영역을 그대로 남겨 놓은 경우가 없었기 때문이다.

복제인간은 온갖 우려에도 불구하고 결국 탄생할 것으로 예상된다. 그리고 그 시기도 우리가 예상하는 것보다 훨씬 더 빠를 것으로 보인다. 가능성은 희박하지만 이미 세계 어딘가에 위치한 비밀 실험실에서 인간복제 실험이 진행돼 최초의 복제인간이 탄생했을 수도 있다.

에덴동산에서 뱀의 유혹에 넘어가 선악과를 따 먹었던 인간처럼 인간복제를 성공한 과학자들은 자신들의 호기심을 채울 수 있을 것이다. 그러나 그런 과학자에 의해서 태어날 복제인간의 삶은 고단할 수밖에 없다.

복제 양 돌리의 죽음

2003년 2월 14일 한 마리의 동물이 삶을 마쳤다는 작은 부고 기사가 주요 일간지에 실렸다. 체세포 복제로 만든 최초의 포유동물인 복제 양 돌리가 도축됐다는 내용이었다. 1996년 7월 5일 태어난 돌리가 6년 6개월이라는 짧은 생애를 마감한 것이었다.

돌리는 인간의 복제기술로 태어난 후 드넓은 스코틀랜드 지방의 목장에서 다른 평범한 양들과 함께 삶의 터전을 제공받았다. 가끔씩 몰려드는 기자들의 스포트라이트와 과학자들의 잦은 건강검진이 부담이 됐을 수도 있었겠지만 털과 고기를 위해 도축될 운명인 다른 양들보다는 행복한 운명이었던 것으로 보인다.

그러나 돌리는 온갖 보살핌에도 불구하고 천수를 누리지 못했다. 보통 양의 수명이 10여 년이라는 점을 감안했을 때 불과 절반밖에 살지 못하고 죽은 셈이다. 혹자는 신 대신 인간이 창조한 생명체였기 때문에 신이 시기했기 때문이라고 말하지만, 사실 돌리의 생명력은 이미 종말에 가까워져 있었다.

돌리는 한창인 나이에도 불구하고 비만과 퇴행성관절염 등

노화됐을 때 나타나는 질환에 계속 시달렸다. 유전자를 제공한 원본의 나이까지 함께 물려받아서인지 노화의 척도로 불리는 세포핵 속 염색체 끝부분인 텔로미어의 길이도 비정상적으로 짧았다.

돌리를 탄생시킨 연구진이 결국 안락사를 선택할 수밖에 없게 만든 것도 심각한 폐질환 때문이었다. 폐질환은 보통 죽을 때가 거의 다된 늙은 양에게서 흔히 나타나는 질병 중 하나다. 사실 복제 동물은 일찍 늙는 조로 현상을 보이면서 갑자기 죽을 수 있다는 점은 이미 다른 복제 동물에서도 여러 번 나타났었다.

복제 양 돌리의 요절을 두고 인간복제에 대한 우려는 한층 높아졌다. 복제인간 역시 조로 현상이 나타나 보통 사람만큼 살기는 힘들 것이라는 예상이 나오고 있다. 처음에는 완전히 정상으로 보이더라도 나중에 심각한 유전적 이상을 일으킬 수 있다는 문제도 지적되고 있다.

복제인간의 고단한 삶

최초의 복제인간은 언론에 공개되지 않고 보통 사람처럼 평범한 삶을 살다갈 수도 있다. 그러나 인간복제를 찬성하는 과학자들이 인류의 행복을 증진시키기 위해서 필요하다고 떳떳하게 주장하고 있다는 점과 인간은 자신이 거둔 성과를 본능적으로 인정받고 싶어 한다는 측면을 고려하면 일반에 공개될 가능성이 더 높다.

언론에 공개될 최초의 복제인간은 보통 사람들이 기대를 갖고 보기에는 상당히 시시할 것으로 예상된다. 뛰어난 정치가나 운동선수, 연예인을 복제한 것이 아니라 '저런 사람을 복제해서 도대체 뭘 할 건가?'라는 생각을 들게 만들 아주 평범한 사람을 복제한 아이일 가능성이 높기 때문이다. 아마도 최초의 복제인간의 원본은 이미 죽은 사람이거나 불임 부부일 듯싶다.

복제인간을 탄생시킨 과학자는 의기양양하게 자신을 정당화시키면서 업적을 떠벌리는 데 정신이 없을 것이다. 그러나 최초의 복제 아기는 기형을 갖고 태어났을 가능성이 상당히 농후하다. 혹시 공개된 복제 아이가 다행히 정상이라 해도 그동안 실험을 하다가 잘못돼 버려진 복제 아기가 있었을 가능성이 높다.

눈에 보이는 기형이 아니더라도 얼마 살지 못하도록 하는 시한폭탄을 몸에 지니고 태어났을 수도 있다. 시한폭탄의 타이머는 몇 년 뒤일 수도 있지만, 바로 내일 작동돼 돌연사를 할 수도 있다. 어느 순간 갑자기 끝날 수 있는 삶을 시작한 복제인간의 삶이 행복하기는 아주 어려우리라 생각된다.

인간복제를 찬성하는 일부 과학자들의 주장처럼 최초의 복제인간이 최초의 시험관 아기 루이스 브라운처럼 평범하고 건강한 삶을 누릴 가능성이 전혀 없는 것도 아니다. 복제인간은 분명 뿔이 3개이거나 눈이 1개인 괴물이 아니다. 그러나 대부분의 복제 인간들이 자신을 남다르게 바라보는 다른 이들의

최초의 시험관 아기,
성년이 된 루이스 브라운.

시선에 정체성의 혼란을 느끼며 심리적으로 상처를 입을 가능
성은 매우 크다.

최초의 복제인간이 탄생한다고 하더라도 인간복제가 허용
된다는 의미는 아니다. 관련된 과학자는 반드시 책임을 지고
법의 심판을 받아야 한다. 복제인간이 기형으로 태어났을 경
우에는 과학자가 불법행위 책임에 따라 손해배상을 해야 하리
라 생각된다.

그러나 복제인간이 한번 탄생하기 시작하면 제2, 제3의 복
제인간이 줄지어 탄생할 것이 불 보듯 뻔하다. 법률로 살인을
아무리 금지해도 살인 사건이 계속 발생하는 것처럼, 음성적
으로 퍼지는 복제를 막기에는 그 어떤 제재도 역부족일 가능
성이 높다.

불임이라는 인간의 불행 때문에 인간이 인간에 의해 만들
어지고, 그 결과로 태어난 인간이 다시 불행해질 수 있는 비극
의 시대가 다가오고 있다.

참고문헌

그레고리 펜스, 이용혜 옮김, 『누가 인간복제를 두려워하는가』, 양문, 2001.

김건열, 『인간복제 희망인가 재앙인가』, 단국대학교출판부, 2002.

김훈기, 『유전자가 세상을 바꾼다』, 궁리, 2004.

데이비드 로비크, 박상철 옮김, 『복제인간 허구인가 사실인가』, 사이언스북스, 1997.

아마가사 게이스케, 고은진 옮김, 『유전자와 생명 복제에 관한 100문 100답』, 고려문화사, 2001.

악셀 칸 외, 전주호 옮김, 『인간복제, 미래과학의 새로운 패러다임』, 푸른미디어, 1999.

안종주, 『인간복제 그 빛과 그림자』, 궁리, 2003.

이주영, 『바이오혁명 게놈·복제 그리고 생명탈출』, 가림M&B, 2002.

제임스 왓슨 외, 류지한 옮김, 『인간복제 무엇이 문제인가』, 울력, 2002.

지나 콜라타, 이한음 옮김, 『복제양 돌리』, 사이언스북스, 1998.

힐러피 퍼트넘, 생물학사상연구회 옮김, 『유전자 혁명과 생명윤리』, 아침이슬, 2004.

「과학동아」, 동아사이언스.

http://www.rael.org

http://www.clonaid.com

http://www.apologeticpress.org

http://www.advancedcell.com

http://www.zavos.org

http://www.ri.bbsrc.ac.uk

프랑스엔 〈크세주〉, 일본엔 〈이와나미 문고〉, 한국에는 〈살림지식총서〉가 있습니다.

📖 전자책 | 🔍 큰글자 | 🔊 오디오북

인간복제의 시대가 온다

펴낸날	초판 1쇄 2005년 6월 10일
	초판 3쇄 2021년 4월 22일

지은이	김홍재
펴낸이	심만수
펴낸곳	(주)살림출판사
출판등록	1989년 11월 1일 제9-210호

주소	경기도 파주시 광인사길 30
전화	031-955-1350 팩스 031-624-1356
홈페이지	http://www.sallimbooks.com
이메일	book@sallimbooks.com

ISBN	978-89-522-0385-4 04080
	978-89-522-0096-9 04080(세트)

126 초끈이론 아인슈타인의 꿈을 찾아서

eBook

박재모(포항공대 물리학과 교수) · 현승준(연세대 물리학과 교수)

빠르게 발전하고 있는 초끈이론을 일반대중이 이해할 수 있도록
쉽게 풀어쓴 책. 중력을 성공적으로 양자화하고 모든 종류의 입자
와 그들 간의 상호작용을 포함하는 모형으로 각광받고 있는 초끈
이론을 설명한다. 초끈이론을 이해하기 위해 필요한 양자역학이
나 일반상대론 등 현대물리학의 제 분야에 대해서도 알기 쉽게 소
개한다.

125 나노 미시세계가 거시세계를 바꾼다

eBook

이영희(성균관대 물리학과 교수)

박테리아 크기의 1000분의 1에 해당하는 크기인 '나노'가 인간
세계를 어떻게 바꿔 놓을 것인지에 대한 해답을 제시하는 책. 나
노기술이란 무엇이고 나노크기의 재료들은 어떻게 만들어지는가,
나노크기의 재료들을 어떻게 조작해 새로운 기술들을 이끌어내는
가, 조작을 통해 어떤 기술들을 실현하는가를 다양한 예를 통해 소
개한다.

448 파이온에서 힉스 입자까지

eBook

이강영(경상대 물리교육과 교수)

누구나 한번쯤 '우주는 어디에서 시작됐을까?' '물질의 근본은 어
디일까?'와 같은 의문을 품어본 적은 있을 것이다. 물질과 에너지
의 궁극적 본질에 다가서면 다가설수록 우주의 근원을 이해하는
일도 쉬워진다고 한다. 이 책은 바로 이러한 질문들의 해답을 찾기
위해 애쓰는 물리학자들의 긴 여정을 담고 있다.

035 법의학의 세계

eBook

이윤성(서울대 법의학과 교수)

최근 드라마나 영화를 통해 일반인의 호기심을 자극하고 있지만
거의 알려지지 않은 법의학을 소개한 책. 법의학의 여러 분야에 대
한 소개, 부검의 필요성과 절차, 사망의 원인과 종류, 사망시각 추
정과 신원확인, 교통사고와 질식사 그리고 의사와 관련된 흥미로
운 사건들을 통해 법의학에 대한 이해를 돕는다.

395 적정기술이란 무엇인가　eBook

김정태(적정기술재단 사무국장)

적정기술은 빈곤과 질병으로부터 싸우고 있는 전 세계의 사람들에게 희망을 안겨주는 따뜻한 기술이다. 이 책에서는 적정기술이 탄생하게 된 배경과 함께 적정기술의 역사, 정의, 개척자들을 소개함으로써 적정기술에 대한 기본적인 이해를 돕고 있다. 소외된 90%를 위한 기술을 통해 독자들은 세상을 바꾸는 작지만 강한 힘이란 무엇인가에 대해서 알 수 있을 것이다.

022 인체의 신비

이성주(코리아메디케어 대표)

내 자신이었으면서도 여전히 낯설었던 몸에 대한 지식을 문학, 사회학, 예술사, 철학 등을 접목시켜 이야기해 주는 책. 몸과 마음의 신비, 배에서 나는 '꼬르륵' 소리의 비밀, '키스'가 건강에 이로운 이유, 인간은 왜 언제든 '사랑'할 수 있는가에 대한 여러 학설 등 일상에서 일어나는 수수께끼를 명쾌하게 풀어 준다.

036 양자 컴퓨터　eBook

이순칠(한국과학기술원 물리학과 교수)

21세기 인류 문명에서 가장 중요한 요소 중의 하나로 꼽히는 양자 컴퓨터의 과학적 원리와 그 응용의 효과를 소개한 책. 물리학과 전산학 등 다양한 학문적 성과의 총합인 양자 컴퓨터에 대한 이해를 통해 미래사회의 발전상을 가늠하게 해준다. 저자는 어려운 전문용어가 아니라 일반 대중도 이해가 가능하도록 양자학을 쉽게 설명하고 있다.

214 미생물의 세계　eBook

이재열(경북대 생명공학부 교수)

미생물의 종류 및 미생물과 관련하여 우리 생활에서 마주칠 수 있는 여러 현상들에 대해, 알기 쉽게 풀어 설명한다. 책을 읽어나가며 독자들은 미생물들이 나름대로 형성한 그들의 세계가 인간의 그것과 다름이 없음을, 미생물도 결국은 생물이고 우리와 공생하고 있다는 사실을 알 수 있을 것이다.

375 레이첼 카슨과 침묵의 봄 `eBook`

김재호(소프트웨어 연구원)

『침묵의 봄』은 100명의 세계적 석학이 뽑은 '20세기를 움직인 10권의 책' 중 4위를 차지했다. 그 책의 저자인 레이첼 카슨 역시 「타임」이 뽑은 '20세기 중요인물 100명' 중 한 명이다. 과학적 분석력과 인문학적 감수성을 융합하여 20세기 후반 환경운동에 절대적 영향을 준 레이첼 카슨과 『침묵의 봄』에 대한 짧지만 알찬 안내서.

277 사상의학 바로 알기 `eBook`

장동민(하늘땅한의원 원장)

이 책은 사상의학이라는 단어는 알고 있지만 심리테스트 정도의 흥밋거리로 알고 있는 사람들에게 바른 상식을 알려 준다. 또한 한의학이나 사상의학을 전공하고픈 학생들의 공부에 기초적인 도움을 준다. 사상의학의 탄생과 역사에서부터 실생활에서 적용할 수 있는 간단한 사상의학의 방법들을 소개한다.

356 기술의 역사 펜석기에서 유전자 재조합까지

송성수(부산대학교 기초교육원 교수)

우리는 기술을 단순히 사물의 단계에서 생각하기 쉽다. 하지만 기술에는 인간의 삶과 사회의 배경이 녹아들어 있다. 기술의 역사를 통해 우리는 기술과 문화, 기술과 인간의 삶을 연결시켜 생각할 수 있게 될 것이다. 이 책을 읽은 후 주변에 있는 기술을 다시 보게 되면, 그 기술이 뭔가 다른 느낌으로 다가올 것이다.

319 DNA분석과 과학수사 `eBook`

박기원(국립과학수사연구소 연구관)

범죄수사에서 유전자분석에 대한 관심이 커지고 있지만 간단하게 참고할 만한 책은 거의 없는 실정이다. 이 책은 적은 분량이지만 가능한 모든 분야와 최근의 동향을 소개하고 있다. 특히, 내용의 이해를 돕기 위하여 서래마을 영아유기사건이나 대구지하철 참사 신원조회 등 실제 사건의 감정 사례를 소개하는 데도 많은 비중을 두었다.

eBook 표시가 되어있는 도서는 전자책으로 구매가 가능합니다.

(주)살림출판사

www.sallimbooks.com

주소 경기도 파주시 문발동 522-1 | 전화 031-955-1350 | 팩스 031-955-1355